Afetos ferozes

Vivian Gornick

Afetos ferozes

tradução
Heloisa Jahn

apresentação
Jonathan Lethem

todavia

Apresentação

Jonathan Lethem*

Ao se preparar para escrever a introdução de um livro que leu há anos e adora, talvez você se veja folheando a edição anterior, revirando-a nas mãos e dando uma boa relida para localizar determinadas frases e se encantar outra vez com suas nuances, seu frescor, sua capacidade constante de surpreender. Ou você corre para o início, na esperança de descobrir que sua introdução já está ali, escrita — pois é esse o sentimento que o texto produziu em você mais de uma vez: de que conhece seus pensamentos. O livro é um objeto em movimento desenfreado, trepidante de energia própria, e a única coisa que você pode ter a esperança de fazer é tocá-lo, alterar minimamente sua trajetória de modo a posicioná-lo melhor para favorecer uma visão universal.

Não seria mais simples dizer que você precisa ler *Afetos ferozes*, de Vivian Gornick? Que estou aqui para fazer o possível para que este livro se torne uma bandeira no vasto mundo, assim como para mim, em minha cabeça, ele já é uma bandeira atrás da qual marcho? Contudo, enquanto examino com carinho uma edição mais antiga, encontro oito depoimentos positivos a seu respeito, todos muito eloquentes, todos escritos por mulheres; seria possível que de alguma maneira eu seja o

---

* Autor dos romances *A fortaleza da solidão* e *Brooklyn sem pai nem mãe*, que conquistou o National Book Critics Circle Award. Também é de sua autoria *Men and Cartoons*, uma coletânea de contos, e *The Disappointment Artist*, um livro de ensaios. Mora no Brooklyn.

primeiro homem a recomendar este livro? (Consulto uma edição ainda mais antiga na minha estante e, claro, verifico que não é assim.) O volume de memórias de Vivian Gornick tem aquela qualidade louca, brilhante, absoluta, que tende a retirar uma obra de seu contexto para elevá-la, tornando-a admirada, com toda a razão, como uma obra "fora do tempo", "um clássico". Trata-se, porém, de um livro de memórias centrado, pelo menos na aparência, nas complexidades de uma relação mãe-filha, escrito na década de 1980 (antes do boom), por uma escritora orgulhosamente feminista, mas não simploriamente vinculada ao movimento. Assim, posso ficar à vontade para amá-lo e mesmo para brandi-lo como parte de meu próprio coração? Sim. O caminho trilhado pelo leitor para chegar ao fascínio de *Afetos ferozes* não é feito nem da curiosidade atônita diante das especificidades da vida de Gornick ou da vida de sua mãe, nem da identificação fácil que deriva da semelhança — em circunstâncias sobrepostas —, nem mesmo das semelhanças do feminino.

A identificação, em *Afetos ferozes*, funciona de outra maneira. Ao mergulhar na sinceridade dilacerante e ao mesmo tempo quase displicente do livro, constatamos que simplesmente nos transformamos em Vivian Gornick (ou no narrador que usa o nome dela), assim como nos transformamos em sua mãe, depois em Nettie Levine, a jovem vizinha apaixonada e niilista que emerge como terceiro personagem principal do livro, formando, com a mãe e a filha, o que Richard Howard descreveu como "aquela trama afetiva, erótica, de acordo com a qual, exatamente da mesma maneira, triangulamos nossas vidas".

Mas nosso sentido de transubstanciação não se limita a essas três mulheres. Ao longo da trilha do autodesvendamento, Gornick nos conduz a alianças breves, abrasadoras, com três homens, amantes e maridos: Stefan, Davey e Joe. E ainda, de passagem, com meia dúzia de outros vizinhos do Bronx, com uma psiquiatra e, é claro, com o pai esquivo. Ao conferir — mesmo de forma breve — a cada ator sucessivamente olhos com os quais ver a narradora que os viu e vozes que rivalizam com a dela em matéria de perspicácia, Gornick gravou essas figuras a fogo na página. Não só ninguém escapa de seu olhar, como ela não escapa do olhar de ninguém. Não me refiro à justiça, virtude supervalorizada na literatura e talvez também na vida. Alguém poderia dizer que Gornick demole seu elenco de protagonistas, mas de acordo com esse critério também demole a si mesma. Prefiro dizer que, tal como o mágico que puxa a toalha de debaixo dos objetos sobre uma mesa, ela miraculosamente deixa a si mesma e a seus atores intactos — e resplandecentes com o que suponho que só pode ser descrito como amor. Amor valente.

É provável que esse fosse um ótimo ponto para encerrar, só que não resisto ao impulso de alongar um pouco este tributo bem pessoal de escritor à memorialista e ensaísta que, com Phillip Lopate e Geoff Dyer, me ensinou tudo o que sei a respeito de podar o besteirol das frases que escrevo sobre mim mesmo. Detesto sobrecarregá-la com o epíteto "escritora para escritores", mas *Afetos ferozes* deve ser louvado como a obra de uma perita emocionante, cujo domínio de uma forma refinada de cenário e diálogo, de falas contundentes não pronunciadas, e do uso dos espaços brancos na página até hoje me deixa sem entender por que nunca se dedicou à ficção que em seus ensaios críticos, de forma tão eloquente, demonstra amar. Como boa parte de minha literatura preferida, *Afetos ferozes* retira sua força do método do paradoxo. Estas páginas contêm minha descrição favorita da percepção de uma candidata a escritora de que ela simplesmente *é* uma escritora, para o bem e para o mal, e isso independente de quão obscuro o caminho à frente possa ser:

No segundo ano de meu casamento, o espaço retangular fez sua primeira aparição dentro de mim. Eu estava escrevendo um ensaio, um texto crítico de estudante de pós-graduação que irrompera inesperadamente sob a forma de pensamento, pensamento bem torneado, luminoso. As frases começaram a forçar caminho em mim, lutando para sair, cada uma delas tratando de mover-se rapidamente para encadear-se à que a precedera. De repente me dei conta de que uma imagem tomara conta de mim: eu via claramente sua forma e seu contorno. As frases estavam tentando preencher aquela forma. A imagem era a totalidade do meu pensamento. Naquele instante senti que me abria por inteiro. Minhas entranhas recuaram, liberando a área de um retângulo feito de puro ar limpo e espaço desimpedido, um retângulo que começava em minha testa e terminava em minhas virilhas. No centro do retângulo havia apenas minha imagem, esperando pacientemente pelo momento de explicar-se. Naquele momento experimentei uma alegria que, estava segura, nada, nunca, igualaria.

Mais adiante no livro, Gornick parece lamentar a incapacidade desse retângulo de ir em frente, de se expandir, de abranger uma parte maior de sua vida. Trata-se de um duplo paradoxo: pela evidência oferecida pelo livro que o leitor tem em mãos, justamente ele que descreve essa resistência e essa frustração, o retângulo de Gornick fez precisamente isso, cresceu não apenas para abranger sua vida, mas, ao longo de todo o livro, a de seu leitor. No entanto, mesmo abrangendo tudo o que abrange, ele permanece exatamente tão íntimo, tão próprio, quanto a primeira descrição que Gornick faz de seu aparecimento: exatamente do tamanho do corpo dela.

Afetos ferozes

Estou com oito anos. Minha mãe e eu saímos do nosso apartamento para o patamar do segundo andar. A sra. Drucker está diante da porta aberta do apartamento ao lado, fumando. Minha mãe tranca a porta e diz a ela: "O que você está fazendo aqui?". A sra. Drucker faz um gesto com a cabeça indicando seu próprio apartamento, atrás dela. "Ele quer se deitar comigo. Falei para ele que precisa tomar uma ducha antes de encostar a mão em mim." Sei que "ele" é o marido dela. "Ele" é sempre o marido. "Por quê? Ele está tão sujo assim?", pergunta minha mãe. "Para *mim* ele está com jeito de sujo", diz a sra. Drucker. "Drucker, você é uma puta", diz minha mãe. A sra. Drucker encolhe os ombros. "Não posso tomar o metrô", diz ela. No Bronx, "tomar o metrô" era um eufemismo para ir trabalhar.

Vivi naquele prédio entre os seis e os vinte e um anos de idade. Havia vinte apartamentos, quatro por andar, e na minha memória era um edifício cheio de mulheres. Mal me lembro dos homens. Eles estavam por toda parte, lógico — maridos, pais, irmãos —, mas só me lembro das mulheres. E na minha memória todas são rudes como a sra. Drucker ou ferozes como minha mãe. Elas nunca falavam como se soubessem quem eram ou entendessem o acordo que haviam feito com a vida, mas era comum que agissem como se soubessem. Espertas, voláteis, iletradas, funcionavam como personagens de Dreiser.

Às vezes passavam-se anos de calma aparente para de repente haver uma irrupção de pânico e selvageria: duas ou três vidas marcadas (ou destruídas), depois a tempestade diminuía. E então de novo: calma taciturna, torpor erótico, a normalidade sem surpresas da denegação cotidiana. E eu — a garota que crescia no meio delas, moldada à sua imagem — as absorvia como se fossem clorofórmio impregnando um pedaço de pano pressionado contra meu rosto. Foram necessários trinta anos para entender até que ponto eu as compreendia.

Minha mãe e eu estamos dando uma volta. Pergunto-lhe se ainda se lembra das mulheres daquele prédio no Bronx. "Claro", ela responde. Comento que sempre achei que fossem loucas como eram por insatisfação sexual. "Com toda a certeza", ela responde, sem alterar o ritmo dos passos. "Você se lembra da Drucker? Ela sempre dizia que se não fumasse um cigarro enquanto tinha relações sexuais com o marido se atirava pela janela. E a Zimmerman, do apartamento em frente ao nosso? Estava com dezesseis anos quando a casaram. Tinha horror ao marido, sempre dizia que se ele tivesse um acidente de trabalho e morresse (ele era operário de construção) seria uma mitsvá." Minha mãe para de andar por um momento. Fala baixinho, estarrecida com a própria lembrança. "Na verdade, ele tinha o hábito de ter relações com ela usando de força física", diz. "Agarrava-a no meio da sala e a carregava para a cama." Fixa o olhar à meia distância por um momento. Depois me diz: "Aqueles homens europeus. Eram uns animais. Pura e simplesmente". Começa de novo a andar. "Uma vez, a Zimmerman trancou o marido para fora de casa. Ele foi tocar nossa campainha. Mal conseguia olhar para mim. Pediu licença para usar a janela da escada de incêndio. Eu não disse uma única palavra. Ele atravessou a casa e saiu pela janela." Minha mãe ri. "Aquela janela da escada de incêndio era uma mão na roda! Você se lembra da Cessa, do apartamento de cima do nosso? Ah, não, você não deve se lembrar, ela só morou lá por um ano depois que chegamos ao prédio, em seguida o apartamento ficou com os russos. Cessa e eu éramos muito amigas. É tão estranho, quando penso no assunto. A gente mal se conhecia naquele prédio, às vezes nem nos falávamos. Mas vivíamos umas em cima das outras, entrávamos e saíamos das casas umas das outras. Todo mundo ficava sabendo de tudo na mesma hora. Com uns poucos meses no prédio, as mulheres já ficavam, bem, *íntimas*.

"Então, a Cessa. Ela era uma jovem bonita, casada havia uns poucos anos. Não amava o marido. Nem o odiava. Na verdade, ele era um bom homem. Como é que eu vou explicar... Ela não o amava, costumava sair todos os dias, acho que tinha um amante em algum lugar. De todo modo, tinha um cabelo comprido até a cintura. Um dia cortou o cabelo. Queria ser moderna. O marido não disse nada, mas o pai dela entrou no apartamento, lançou um olhar para o cabelo cortado da filha e lhe deu uma bofetada no rosto que ela viu a avó lá no outro mundo. Depois mandou o marido trancar a Cessa em casa por um mês. Ela costumava descer pela escada de incêndio, entrar pela minha janela e sair pela minha porta. Todas as tardes, durante um mês. Um dia ela volta e estamos tomando café na cozinha. Digo a ela: 'Cessa, fale para o seu pai que isto aqui é a América, Cessa, a América. Você é uma mulher livre'. Ela olha para mim e diz: 'Como assim, dizer ao meu pai que isto aqui é a América? Ele nasceu no Brooklyn'."

Meu relacionamento com minha mãe não é bom, e à medida que nossas vidas se acumulam, muitas vezes dá a impressão de piorar. Estamos presas num estreito canal de familiaridade, intensa, que nos prende uma à outra. Às vezes se passam anos seguidos de exaustão, em que ocorre uma espécie de abrandamento entre nós. Depois a raiva vem de novo à tona, quente e nítida, erótica em seu poder de exigir atenção. Neste momento as coisas não vão bem entre nós. Minha mãe "lida" com esses períodos em que as coisas não vão bem entre nós me acusando em voz alta e publicamente da verdade. Basta ela me ver para dizer: "Você me detesta. Você sabe que me detesta". Posso estar lhe fazendo uma visita, por exemplo, e ela diz a quem quer que por acaso esteja no aposento — um vizinho, um amigo, meu irmão ou uma das minhas sobrinhas: "Ela me detesta. Não sei o que tem contra mim, mas ela me detesta". Se estamos as duas dando uma caminhada, é bem capaz de parar um desconhecido na rua e dizer: "Esta é minha filha. Ela me detesta". Depois se vira para mim e implora: "O que foi que eu fiz para você me detestar desse jeito?". Nunca respondo. Sei que ela está em chamas e prefiro deixá-la arder. Por que não? Também estou.

Mas percorremos infinitamente as ruas de Nova York juntas. Nós duas vivemos agora na parte sul de Manhattan, em apartamentos separados por pouco mais de um quilômetro, e gostamos de caminhar juntas, em vez de nos visitar. Minha mãe é uma camponesa urbana e eu sou filha da minha mãe. A cidade é nosso elemento natural. Temos, as duas, aventuras cotidianas com motoristas de ônibus, mulheres sem-teto, porteiros e malucos na rua. Andar nos faz mostrar o melhor de nós. Estou com quarenta e cinco anos e minha mãe com setenta e sete. Tem um corpo forte e saudável. Atravessa facilmente a ilha sem minha companhia. Durante essas caminhadas, não sentimos amor uma pela outra; é comum estarmos discutindo, mas mesmo assim saímos para andar.

Nossos melhores momentos juntas são quando falamos do passado. Digo a ela: "Mãe, você se lembra da sra. Kornfeld? Me conte de novo aquela história", e ela se delicia contando a história outra vez. (É só o presente que minha mãe detesta;

basta o presente virar passado que ela imediatamente começa a amá-lo.) A história é ao mesmo tempo a mesma e outra toda vez que ela a conta, porque estou mais velha a cada vez e me ocorre fazer uma pergunta que não havia pensado em fazer na vez anterior.

Na primeira vez em que minha mãe me contou que seu tio Sol havia tentado ir para a cama com ela, eu tinha vinte e dois anos e ouvi em silêncio, numa mistura de fascínio e terror. Conhecia de memória as circunstâncias. Ela era a mais moça de dezoito filhos, oito dos quais chegaram à idade adulta. (Imagine: minha avó passou vinte anos grávida.) Quando a família veio da Rússia para Nova York, Sol, o irmão mais moço de minha avó, que tinha a idade do filho mais velho dela (a mãe da minha avó *também* havia passado vinte anos grávida), veio com eles. Os dois irmãos mais velhos de minha mãe tinham vindo alguns anos antes do restante da família, encontraram trabalho na área da confecção e alugaram um apartamento sem água quente no Lower East Side para a família inteira, onze pessoas: banheiro no corredor, fogão a carvão na cozinha e uma fileira de aposentos minúsculos e escuros. Minha mãe, na época uma criança de dez anos, dormia na cozinha sobre duas cadeiras porque minha avó havia admitido um inquilino.

Sol fora convocado pelo Exército durante a Primeira Guerra Mundial e mandado para a Europa. Quando voltou para Nova York, minha mãe estava com dezesseis anos e era a única da prole que ainda morava em casa. Então chega Sol, um charmoso desconhecido, e encontra a sobrinha pequena que deixara para trás transformada numa mulher de olhos escuros, cabelo castanho brilhante cortado curto com muito estilo e um sorriso transformador, atributos que ela faz de conta que não sabe como usar (o estilo de minha mãe sempre foi de uma coqueteria flagrante desprovida de todo traço de intenção). Ele começa a dormir num dos cubículos a duas paredes de distância do dela, com os pais roncando ruidosamente na outra ponta do apartamento.

"Uma noite", disse minha mãe, "acordei de repente, não sei por quê, e vejo Sol em pé ao lado da minha cama. Comecei a perguntar: 'O que foi?', achando que havia algum problema com meus pais, mas ele estava com um jeito tão esquisito que imaginei que talvez fosse uma crise de sonambulismo. Sol não disse uma única palavra. Me pegou no colo e me levou para a cama dele. Deitou nós dois na cama e me abraçou, aí começou a alisar meu corpo. Depois ergueu minha camisola e começou a alisar minha coxa. De repente ele me empurrou para longe e disse: 'Volte para sua cama'. Levantei e voltei para minha cama. Ele nunca abriu a boca para falar sobre o que havia acontecido naquela noite, nem eu."

A segunda vez que ouvi essa história, estava com trinta anos. Ela a repetiu praticamente palavra por palavra enquanto subíamos a Lexington Avenue à altura da rua 60. Quando concluiu, perguntei: "E você nunca falou no assunto com ele, ao longo de todo esse tempo?". Minha mãe fez que não com a cabeça. "Como é possível, mãe?", perguntei. Ela arregalou os olhos, franziu os lábios. "Não sei", estranhou. "Só sei que fiquei apavorada." Olhei para ela com uma cara *engraçada*, como ela diria. "Qual é o problema?", minha mãe perguntou. "Não gostou da minha resposta?" "Não é isso", protestei. "Só acho esquisito você não ter produzido um som, não ter demonstrado que estava com medo."

A terceira vez que ela me contou a história eu estava com quase quarenta anos. Íamos subindo a Oitava Avenida e perto da esquina com a rua 42 eu disse a ela: "Mãe, alguma vez lhe ocorreu se perguntar por que você ficou em silêncio quando Sol fez o que fez?". Ela olhou depressa para mim. Dessa vez estava de sobreaviso. "Aonde você quer chegar?", perguntou, irritada. "Por acaso está querendo dizer que *gostei* do que aconteceu? É aí que você quer chegar?" Comecei a rir nervosamente, com gosto. "Não, mãe, não estou dizendo isso. Só estou dizendo que é *esquisito* você não ter produzido nenhum som." Uma vez mais, ela repetiu que havia ficado muito assustada. "Não acredito", falei, brusca. "Você me dá nojo!", ela exclamou no meio da rua. "Minha filha tão inteligente. Eu devia mandar você de volta para a faculdade para receber mais dois diplomas, de tão inteligente que é. Eu *queria* que meu tio me violentasse, é isso? Que ideia brilhante!" Depois dessa caminhada passamos um mês sem nos falar.

O Bronx era uma colcha de retalhos de territórios étnicos invadidos: quatro ou cinco quarteirões eram dominados por irlandeses, ou italianos, ou judeus, mas cada setor tinha sua cota de irlandeses vivendo num quarteirão judeu, ou de judeus vivendo num quarteirão italiano. Muito já se falou sobre essas acomodações registradas nos cartórios de Nova York, mas quem cresceu submetido ao corredor polonês italiano ou irlandês, ou levando um gelo dos vizinhos judeus, não ficou tão marcado por essa dose extra de não pertencimento quanto nivelado pela vida compartilhada na rua. Nossa família tinha passado um ano vivendo em meio a uma vizinhança italiana. Meu irmão e eu fôramos as únicas crianças judias na escola, e nosso sofrimento havia sido indizível. Miseráveis: esse é o termo que descreve como nos sentíamos. Quando nos mudamos de volta para uma área povoada por judeus, meu irmão ficou aliviado por não precisar mais se preocupar com o fato de ser espancado todas as tardes por garotos que o chamavam de gênio judeu, mas os contornos e o conteúdo de sua vida não apresentaram maiores alterações. A verdade mais ampla é que a "outridade" dos italianos ou dos irlandeses ou dos judeus em nosso meio era um elemento picante, uma fonte de interesse, e dava um sentido de definição, um gume excitante às coisas, abertamente temido, mas secretamente bem-vindo.

Nosso prédio era todo judeu, exceto por uma família irlandesa no primeiro andar, uma família russa no terceiro e um zelador polonês. Os russos eram altos e silenciosos: entravam e saíam do edifício de um jeito que dava a impressão de ser misterioso. Os irlandeses eram todos magros e louros: olhos azuis, lábios finos, fisionomia fechada. Também eram uma presença discreta em nosso meio. O zelador e a mulher eram mais duas figuras caladas. Nunca dirigiam a palavra em primeiro lugar a ninguém. Acho que é isso que define a posição de uns poucos entre muitos: os poucos são silenciados.

Talvez minha mãe também tivesse sido silenciada caso continuasse morando em meio aos italianos; talvez recolhesse depressa os filhos, numa preocupação sem palavras, sempre que algum vizinho se aproximasse de um de nós, exatamente como fazia a sra. Cassidy toda vez que alguma mulher de nosso edifício afofava o cabelo de um dos "lourinhos irlandeses". Mas minha mãe não era uma entre muitos. Ali, naquele edifício só de judeus, ela estava em seu elemento, tinha espaço suficiente entre a pele da presença social e a carne de um centro desconhecido para se mover, expressando-se livremente, sendo acolhedora e sarcástica, histérica e generosa, irônica e julgadora, e ainda, de vez em quando, em sua própria visão, afetuosa: aquele estilo áspero, provocador, que assumia quando era tomada pela ternura que mais temia.

Minha mãe era famosa no edifício por seu inglês sem sotaque e por sua atitude firme. Embora a porta de nosso apartamento estivesse sempre fechada (havia uma distinção entre aqueles com educação suficiente para dar valor à privacidade de uma porta fechada e os matutos cuja porta estava sempre entreaberta), os vizinhos se sentiam à vontade para bater a qualquer momento: para pedir emprestada alguma pequena necessidade da cozinha, passar adiante uma fofoca do edifício ou mesmo pedir à minha mãe que servisse de juiz em alguma briga ocasional. Nesses momentos ela assumia a atitude de uma pessoa superior perturbada pelo comportamento infantil de seus inferiores. "*Ói*, Zimmerman." Ela sorria com condescendência quando a sra. Zimmerman, fora de si com alguma picuinha, real ou imaginada, aparecia para lhe contar sobre a falta de caráter de uma ou outra de nossas vizinhas. "Que tolice." Ou: "Ridículo", soltava ela com aspereza quando iam lhe contar algum caso que considerasse baixo ou ignorante. Parecia nunca se perturbar com a ideia de que uma história pudesse ter dois lados, ou um acontecimento mais de uma interpretação. Sabia que, em comparação com as mulheres que a cercavam, era "evoluída" — uma pessoa de pensamentos e sentimentos mais elevados —, de modo que aquele era um assunto que não merecia consideração. Uma de suas palavras prediletas era esta: "evoluída". Se a sra. Zimmerman falasse alto demais no corredor num sábado pela manhã, nós, sentados na cozinha logo atrás da porta de nosso apartamento, olhávamos uns para os outros e, inevitavelmente, minha mãe balançava a cabeça e declarava: "Mulher pouco evoluída". Se alguém fizesse piada sobre os *schwartzes*, minha mãe me explicava com toda a cautela que aquele tipo de sentimento não era "evoluído". Se houvesse uma discussão na mercearia envolvendo preço ou peso, uma vez mais eu ouvia a expressão "pouco evoluído". Meu pai sorria para minha mãe sempre que ela dizia "pouco evoluído", fosse por indulgência, fosse por orgulho — nunca consegui saber. Meu irmão, na defensiva desde os dez anos de idade, olhava para a frente sem a menor expressão no rosto. Mas eu, eu absorvia o clima das palavras dela, me embebia de cada gesto e expressão que as acompanhavam, de cada detalhe complexo de impulso e intenção. Mamãe achar que ninguém à nossa volta era evoluído e que a maior parte do que as pessoas diziam era ridículo é uma coisa que ficou gravada em mim como tintura no mais receptivo dos materiais.

O apartamento tinha cinco aposentos, todos se abrindo uns para os outros. Era uma moradia popular, mas nenhuma janela dava para um poço de ventilação. A porta do apartamento se abria para um minúsculo saguão que dava diretamente para a cozinha. À direita da cozinha, no saguão, ficava a geladeira, encostada numa parede que formava um ângulo reto em relação ao banheiro: um pequeno retângulo com uma porta de madeira pintada cuja metade superior era de vidro fosco. Depois desse saguão ficavam duas salas do mesmo tamanho separadas por um par de portas de vidro munidas de cortinas. A segunda dessas salas dava para a rua e era banhada pelo sol da tarde. Dando para a primeira sala, dos dois lados, havia dois minúsculos dormitórios, um dos quais também voltado para a rua, o outro para os fundos do edifício.

Como a sala da frente e um dos quartos davam para a rua, aquele era considerado um bom apartamento, um apartamento "da frente". Há alguns anos um homem que também cresceu no meu prédio me disse: "Sempre achei que vocês eram mais ricos do que nós porque moravam na frente". Embora viver na frente costumasse significar que os maridos dali ganhavam melhor do que os dos apartamentos dos que viviam *tief, teier in draird* (nas profundezas do inferno), vivíamos na frente porque parte da presunção de minha mãe, de ser detentora de um conhecimento superior das necessidades da vida, repousava em sua convicção de que, enquanto não fôssemos obrigados a recorrer à assistência pública, um apartamento que desse para os fundos não entrava no leque das possibilidades da nossa vida doméstica. Apesar disso, era "nos fundos" que nós — ou seja, ela e eu — de fato morávamos.

A janela da cozinha se abria para a viela dos fundos do edifício, tal como as janelas das cozinhas do edifício vizinho ao nosso e as dos outros dois edifícios cuja entrada ficava no lado oposto do quarteirão quadrado partilhado por aqueles prédios. A viela não tinha nenhuma árvore, nenhum arbusto ou folhagem de qualquer tipo — era só concreto, com cercas de arame e estacas de madeira. Mesmo assim, na minha memória é um lugar de muita luz e ar fresco, impregnado, por alguma razão, de um perpétuo aroma de folhagens de verão.

A viela recebia o sol da manhã (nossa cozinha fulgurava, antes do meio-dia), e havia um ritual partilhado entre as mulheres, de lavar a roupa cedo usando uma tábua de lavar sobre a pia da cozinha e em seguida pendurá-la do lado de fora para secar ao sol. Entrecruzados sobre a viela, do térreo ao quinto andar, havia uns cinquenta varais presos a longas estacas de madeira fincadas no chão de concreto. Cada apartamento tinha seu próprio varal, estendido janela afora em meio a dez outros, presos à mesma estaca. Muitas vezes as roupas dependuradas em um dos varais interferiam no livre balanço da roupa dependurada no varal logo acima ou logo abaixo, e por isso era comum ver uma mulher sacudir seu varal com força, tentando desvencilhar a roupa de um amontoado disforme de lençóis e calças. É possível que, ao mesmo tempo que puxava o varal, ela gritasse: "Ber-tha-a. Ber-tha-a. Você está em casa, Bertha?". As amigas ficavam espalhadas por todos os edifícios da viela e gritavam umas para as outras o dia inteiro para fazer diversos tipos de combinação. ("A que horas você vai levar o Harvey ao médico?" Ou "Você tem açúcar para me emprestar? Vou mandar a Marilyn buscar". Ou "Encontro você na esquina em dez minutos".) Tanto movimento, tanta animação! O ar puro, a luz despejada, as mulheres gritando umas para as outras, o ruído de suas vozes misturado ao cheiro da roupa secando ao sol, todas aquelas texturas e cores drapejando no espaço aberto. Eu me debruçava na janela da cozinha com uma sensação de expectativa cujo sabor sinto até hoje na boca, tingido de um verde suave e luminoso.

Para mim, toda a animação do apartamento se localizava na cozinha e na vida que transcorria do lado de fora da janela. Era uma animação autêntica, que nascia da contradição. Naquela cozinha eu fazia o dever de casa e fazia companhia a minha mãe, olhava-a preparar e executar seu dia. Ali também tomei conhecimento de que ela possuía talento e vitalidade para realizar suas tarefas facilmente e bem, mas que não as apreciava nem as valorizava. Não me ensinava nada. Nunca aprendi a cozinhar, limpar ou passar a ferro. Ela própria era uma cozinheira de competência entediada, uma faxineira furiosamente rápida, uma lavadeira dos demônios.

Mesmo assim, ela e eu ocupávamos plenamente a cozinha. Embora minha mãe nunca parecesse estar ouvindo o que acontecia na viela, não perdia nada. Ouvia cada voz, cada movimento de varal, cada adejar de lençóis, registrava cada grito, cada comunicação. Ríamos juntas do inglês arrevesado de uma, da indiscrição apregoada de outra, um guincho aqui, uma imprecação inacreditável acolá. Seu fluxo de comentários acerca da vida do lado de fora da janela foi o primeiro gostinho que tive dos frutos da inteligência: minha mãe sabia como transformar fofoca em conhecimento. Ouvia uma voz subir uma oitava e comentava: "Ela teve uma discussão com o marido esta manhã". Ou então a voz baixava uma oitava e ela: "O filhinho dela está doente". Ou captava uma conversa acelerada e diagnosticava uma amizade chegando ao fim. Essa capacidade da minha mãe me aquecia e estimulava. A vida parecia mais plena, mais rica, mais interessante quando ela se dedicava a dar sentido à atividade humana da viela. Nesses momentos, eu sentia uma conexão viva entre nós e o mundo de fora da janela.

A cozinha, a janela, a viela. Essa era a atmosfera na qual ela havia fincado raízes, o pano de fundo contra o qual se delineava. Ali era perspicaz, engraçada e enérgica, podia exercer autoridade e ter contundência. Mas sentia desprezo pelo que a cercava. "Mulheres, *yech*!", dizia. "Varais e fofoca", dizia. Ela sabia da existência de um outro mundo — *o* mundo —, e às vezes achava que queria aquele mundo. Não era bom. Interrompia-se no meio de uma tarefa, passava longos minutos fitando a pia, o assoalho, o fogão. Mas onde? Como? O quê?

De modo que a situação da minha mãe era esta: ali na cozinha ela sabia quem era, ali na cozinha era inquieta e entediada, ali na cozinha funcionava admiravelmente, ali na cozinha desprezava o que fazia. Revoltava-se com a "falta de sentido da vida de uma mulher", como ela dizia, depois ria com um prazer que posso ouvir até hoje quando analisava algum assunto complicado em andamento na viela. Passiva pela manhã, rebelde à tarde, era construída e desconstruída diariamente. Agarrava-se com avidez à única substância de que dispunha, desenvolvia afeto em relação a seu próprio entusiasmo, depois se sentia uma espécie de parceira. Como ela teria podido não se devotar a uma vida tão profundamente cindida? E como eu teria podido não me devotar à devoção dela?

"Você se lembra dos Roseman?", pergunta minha mãe enquanto andamos pela Sexta Avenida à altura das ruas 40. A família Roseman tinha vivido no apartamento dos Zimmerman durante nossos dois primeiros anos no prédio.

"Lógico", respondo. "Que casal interessante, aquele."

A sra. Roseman era uma Colette judia. Gorda e trigueira, tinha olhos escuros amendoados num bonito rosto de raposa e uma auréola de cabelo crespo preto-acinzentado. Jogava cartas obsessivamente, fumava um cigarro atrás do outro e visivelmente não tinha o menor interesse pela família. Na casa dela havia sempre uma partida de cartas em andamento e, como dizia minha mãe, "uma panela com algum tipo de merda cozinhando o dia inteiro no fogão, e quando o marido chegava em casa do trabalho, o gosto do prato parecia o dos sapatos velhos da minha avó". Mas o tom de voz da minha mãe era afetuoso, não acusatório. Ela era próxima da sra. Roseman porque dez anos antes a sra. Roseman também fora membro do Conselho de Moradores Número 29, num prédio a três quarteirões de distância do nosso.

Desde a mais tenra infância eu sabia que meus pais eram companheiros de viagem do Partido Comunista, e que minha mãe fora a mais politicamente ativa dos dois. Quando eu nasci, ela já havia exigido justiça econômica e social empoleirada em caixas de sabão no Bronx. Na realidade, em sua litania de privações constava esta: se não fosse pela existência dos filhos, teria se tornado uma oradora pública talentosa.

Na época da Depressão, o Partido Comunista patrocinara e coordenara os Conselhos de Moradores, organizações criadas para fazer frente à expulsão de locatários na ausência de pagamento de aluguel. Minha mãe era a líder do Conselho de Moradores Número 29, no Bronx ("Eu era a única mulher do prédio que sabia falar inglês sem sotaque, por isso fui automaticamente escolhida para liderar o grupo"), e continuou ocupando a posição de líder até pouco depois de eu nascer, quando meu pai a obrigou a "parar tudo" para ficar em casa tomando conta do bebê. Até ali, dizia ela, a diretora do conselho fora ela. Mamãe dirigindo o conselho era um clássico da infância. "Todos os sábados pela manhã", ela me contava, exatamente como as outras mães contavam aos filhos a história de Mary e seu carneirinho, "eu ia até a sede do Partido Comunista na Union Square receber minhas instruções da semana. Depois a gente organizava as ações e tocava o barco." Como ela gostava de dizer "Depois a gente organizava as ações e tocava o barco"! Havia mais prazer descomplicado em sua voz quando ela repetia essas palavras do que em quaisquer outras que eu já a tenha ouvido pronunciar.

O Conselho de Moradores Número 29 era constituído pela maioria das mulheres do prédio em que meus pais moravam na época: judias imigrantes, rudes e cheias de disposição. A proximidade entre elas, no prédio, era composta de companheirismo político. Quando nos mudamos para o outro prédio no Bronx, o definitivo, e minha mãe descobriu que a sra. Roseman morava na porta ao lado, foi como se inesperadamente encontrasse não uma velha amiga, mas um membro de uma família em cuja presença ela um dia se vira surpreendida por complicadas movimentações de sua própria mente e do seu próprio espírito. Tanto minha mãe como a sra. Roseman apreciavam a capacidade recíproca de compreender a atividade política responsável por selar um reservatório de sólidos sentimentos.

Em especial, unia-as uma lembrança específica do tempo em que ambas haviam passado juntas no conselho, lembrança essa que consideravam marcadamente apolítica — e que rememoravam com frequência, sempre com muito balançar de cabeças, numa atmosfera de deslumbramento partilhado. Certo verão, no auge da Depressão, as mulheres do conselho haviam alugado quartos para elas próprias e suas famílias numa colônia de cabanas nas montanhas Catskill. A maioria das famílias ocupava dois quartos no prédio principal (um para o casal, outro para os filhos), embora algumas delas só tivessem condições de arcar com um. As mulheres partilhavam a cozinha, os homens iam nos fins de semana.

No total eram cinquenta mulheres que, contava minha mãe, ela ficara conhecendo melhor naquela cozinha que nos dois ou três anos de trabalho conjunto no Bronx. A Pessy, por exemplo, dizia ela, "tão burra que se alguém servisse merda ela dizia que era mel, mas uma boa camarada, eu podia mandá-la fazer qualquer coisa que ela fazia sem pensar duas vezes e sem se queixar". Havia a Singer, "do tipo delicada", que detestava a vulgaridade das outras. Havia a Kornfeld, "uma mulher morena e de ar intenso que nunca dava opinião sobre coisa nenhuma, que sempre esperava todo mundo falar e depois, quando a gente perguntava o que ela achava, sempre tinha alguma coisa inteligente a dizer". E, claro, havia a Roseman, de inteligência viva, convivência fácil, que nunca ficava para trás em nada. Seus olhos estavam em todos os lugares ao mesmo tempo, e ela sempre estava embaralhando cartas.

Naquele verão, minha mãe descobriu que a Pessy tinha "um apetite forte, sabe do que eu estou falando?". E a Singer acabou virando uma figura insuportável. "Estava sempre desmaiando. Qualquer coisa que acontecesse, os olhos da Singer começavam a girar e ela saía do ar." E a Kornfeld, bom, a Kornfeld era outra história.

Aos sábados, no fim da manhã, Pessy aparecia de camisola, bocejando e esfregando os olhos. As outras começavam a rir. "E então, Pessy", alguém dizia, "conte para a gente o que andou fazendo ontem à noite. Alguma coisa boa?" Pessy resmungava: "Contar o quê? Você faz o que precisa fazer, depois vira de costas, bunda com bunda, e dorme. O que querem que eu conte?". Mas dizia isso de rosto vermelho, sorrindo como quem esconde um segredo. A Singer olhava para o outro lado, disfarçando. E a Kornfeld, sentada a um canto da cozinha (ela era uma das que não tinham dinheiro para alugar dois quartos, então o casal dividia o cômodo com os três filhos), ficava ainda mais calada que de hábito.

Num domingo à noite, depois que os maridos já haviam voltado para a cidade e todas as mulheres tinham se sentado à varanda, alguém perguntou de repente: "Onde está a Kornfeld?". Todas olharam em volta, claro, e nada da Kornfeld. Começaram a chamar: "Kornfeld, Kornfeld". Nada. Foram até o quarto dela; as crianças dormiam profundamente, mas nada da Kornfeld. Assustadas, as mulheres saíram atrás dela. Dividiram-se em duplas ("A sorte", dizia minha mãe, "foi eu ficar com a Singer."), cada dupla com uma lanterna ("Você tem noção de como o campo era escuro naquele tempo?"), e se espalharam, chamando "Kornfeld, Kornfeld".

"Acho que ficamos uma hora correndo para todos os lados feito umas doidas", dizia minha mãe. "Nisso olho ao redor e vejo — estamos a quase um quilômetro de distância da granja —, no meio da estrada, uma forma escura, imóvel, não dava para saber o que era. Logo em seguida a Singer ameaçou desmaiar. Movo os olhos da estrada para a Singer, da Singer para a estrada. 'Cale a boca, Singer', falei. Aí me virei para a coisa na estrada e disse: 'Levante daí, Kornfeld'. A boca da Singer se abriu e se fechou, mas ela não soltou um som. A coisa na estrada não se moveu. De novo, falei: 'Kornfeld, levante'. E ela levantou. Virei a Singer para o outro lado e fui direcionando os passos dela até a granja."

"Como você sabia que era a sra. Kornfeld?", perguntei na primeira vez em que ouvi a história. "Sei lá", respondeu minha mãe. "Eu simplesmente sabia. Soube *na mesma hora*." Outra vez, perguntei: "Por que você acha que ela fez aquilo?". Minha mãe deu de ombros. "Ela era uma mulher intensa. Sabe, quarenta anos atrás os judeus não eram ousados como certas pessoas que eu poderia apontar. Não costumavam fazer sexo com as crianças no quarto… Talvez ela quisesse nos punir." Outro ano minha mãe me deu um susto quando afirmou: "Aquela Kornfeld. Ela se detestava. Foi por isso que fez aquilo". Pedi que explicasse o que queria dizer com "se detestava". Ela não conseguiu.

Mas o detalhe que mais ficou gravado na minha cabeça do episódio da sra. Kornfeld foi o fato de que a sra. Roseman, que manifestava mais ousadia sexual do que todas as mulheres do edifício reunidas e que considerava minha mãe um exemplar romântico da classe trabalhadora, passara a respeitá-la por ter sabido que a coisa na estrada era a Kornfeld.

"Você se lembra das meninas?", pergunta minha mãe agora, enquanto nos aproximamos do edifício Time-Life. "Das duas filhas que ela teve com o Roseman?" A sra. Roseman tivera um amante quando jovem, um comunista italiano que morrera, deixando-a grávida. O sr. Roseman, que a adorava, se casara com ela, criara o filho (um menino) como se fosse seu, depois fora pai de duas outras crianças.

"Sim", digo. "Me lembro das meninas."

"Lembra que durante a guerra a mais moça, que devia estar com uns dezessete anos, ficou com pneumonia? Acharam que ela estava morrendo, naquela época as pessoas morriam de pneumonia, e eu a comprei. Dali em diante, ela sempre me chamava de mamãe."

"Você fez *o quê*?" Paro de andar.

"Eu a comprei, comprei a menina. Sabe, os judeus acreditavam que se uma pessoa que você amava estivesse em perigo e você a vendesse, isso bloqueava o mau-olhado." Minha mãe ri. "Se a pessoa não lhe pertencesse, que mal poderia acontecer com ela?"

Dirijo-lhe um olhar duro. Ela o ignora.

"A Roseman chegou lá em casa e me disse: 'A menina está morrendo. Você poderia comprá-la?'. E eu comprei. Acho que dei dez dólares à Roseman."

"Mãe", eu digo, "mesmo sabendo que aquilo era uma superstição de camponeses, uma crendice, você concordou em participar? Concordou em comprar a menina?"

"Claro!"

"Mas mãe! Vocês duas eram *comunistas*!"

"Veja bem", diz ela. "A gente precisava salvar a vida da criança."

* * *

Meus pais dormiram alternadamente em um ou outro dos dois quartos do meio, alguns anos no dos fundos, alguns anos no da frente, e com isso o outro quarto — o que não estava sendo usado — ficava sendo a sala. Os dois passaram anos arrastando um enorme rádio Philco e três imensas peças de mobiliário (um sofá superbem estofado e duas cadeiras forradas em tecido marrom com uma trama dourada) para lá e para cá, entre os quartos da frente e o dos fundos.

Depois que eu cresci, tentei entender por que nunca haviam ficado com um dos quartos pequenos para eles, por que dormiam em território descoberto, por assim dizer, e quando estava com vinte e poucos anos perguntei à minha mãe. Ela ficou olhando para mim uns trinta segundos além do necessário. Depois disse: "Sabíamos que cada um de vocês precisava de um quarto só seu". Devolvi a ela o olhar de trinta segundos. Minha mãe romanceara seu casamento de uma forma tão intolerável, enfiara na cabeça de todos nós a cruz que havia sido a morte prematura de meu pai, e agora vinha dizer que a intimidade necessária à felicidade sexual havia sido cedida para o bem das crianças?

Minha mãe havia conquistado notoriedade no prédio não apenas pelo fato de falar inglês sem sotaque e por sua atitude decidida, como também por sua condição de mulher em um casamento feliz. Não, não expliquei direito a coisa. Não apenas em um casamento feliz. Magicamente casada. Definitivamente casada.

Meus pais eram, acho, felizes juntos; tratavam-se civilizadamente, com afeto — mas a atmosfera que minha mãe e eu partilhávamos estava impregnada de um ideal de felicidade conjugal que tornava a mera realidade uma circunstância indigna de respeito, decididamente aquém do que contava de fato. O que contava de fato era a atitude de adoração que mamãe adotava em relação à maravilha que era sua vida conjugal, acompanhada de uma desqualificação repleta de menosprezo em relação a todos os casamentos que não fossem muito semelhantes ao seu, e a determinação com que me fazia saber de centenas de maneiras, ao longo de milhares de dias, que o amor era a coisa mais importante na vida de uma mulher.

O amor de papai tinha de fato propriedades extraordinárias: não apenas compensava o tédio e a ansiedade de mamãe como era a razão de seu tédio e de sua ansiedade. Inúmeras frases conectadas a tudo que minha mãe considerava menos que satisfatório na vida dela começavam assim: "Acredite, se eu não amasse seu pai...". Ou: "Acredite, se não fosse por amor a papai...". Ela falava abertamente de como havia odiado parar de trabalhar ao se casar (era contadora numa padaria do Lower East Side), de como era bom ter seu próprio dinheiro no bolso em vez de ficar recebendo mesada feito criança, de como sua vida de agora era besta, de como adoraria voltar a trabalhar. Podem acreditar. Se não fosse por amor a papai.

Tudo, do trabalho na cozinha ao sexo no quarto deles, se transformava por amor a papai, e tenho a impressão de que eu soube desde cedo que o sexo precisava, sim, ser transformado. Não que ela tivesse aversão ao sexo, mas dava a impressão de meramente aceitá-lo. Minha mãe nunca disse que o amor físico era desimportante ou desagradável para uma mulher, mas frases como "Seu pai era um homem muito apaixonado. Seu pai estava sempre disposto. Seu pai poderia dar conta de dez mulheres por noite" levavam-me a concluir que: para tirar a roupa e deitar-se com um homem você precisava amá-lo de verdade — do contrário, o assunto todo dava para trás. Lembro-me de que aos dezesseis anos, com a virgindade ameaçada pela primeira vez, acordando todos os dias para a batalha interminável que se travava em minha cabeça e em meu corpo, eu implorava silenciosamente à minha mãe: Como eu faço para saber se realmente amo esse homem? A única coisa que eu sei é que estou morrendo de vontade e ele querendo, querendo... No corredor do prédio, nos bancos de praça, todas as noites na cozinha enquanto você se vira na cama do outro lado da parede, a dois metros de distância, em segurança atrás da linha de combate, eu estou aqui fora, nas trincheiras... Mas não chegava ajuda alguma...

O amor, no léxico de minha mãe, não era amor, era *amor*. Sentimento de categoria mais elevada, de natureza espiritual, de molde moral. Acima de tudo, sentimento que quando presente era inconfundível e quando ausente também. "Uma mulher *sabe* quando ama um homem", dizia minha mãe. "Se não souber, é porque não ama." Essas palavras eram pronunciadas como se ela falasse do alto do monte Sinai. Em nossa casa era desnecessário interpretar o leque de comportamentos humanos derivados do amor. Se minha mãe não fosse capaz de identificar em outra mulher reações a um marido ou a um amante que repetissem as suas próprias, então não era amor. E o amor, ela repetia, era tudo. A vida de uma mulher era determinada pelo amor. Toda evidência em contrário — evidência essa que não estava em falta por ali — era regularmente desconsiderada e ignorada, expurgada de seu discurso, tinha entrada proibida por seu intelecto. Uma vez, na minha presença (eu devia ter uns dez anos), uma amiga disse à minha mãe que ela estava totalmente enganada, que suas ideias de amor eram absurdas e que ela era uma escrava de sua noção de casamento. Quando perguntei à minha mãe o que a amiga dela estava querendo dizer, a resposta foi: "É uma mulher pouco evoluída. Não sabe nada da vida".

Todo bairro tinha seu idiota da aldeia ou seu bobo sagrado; nós tínhamos três. Havia o Tom, o entregador do açougueiro, de sessenta anos de idade. Ele saía correndo com um embrulho de carne, parava de repente, jogava o embrulho na calçada, apontava para ele e sacudia o dedo, depois anunciava: "Não vou mais carregar você, sua coisa horrorosa!". Havia Lilly, a mongoloide de quarenta anos que perambulava usando vestidinhos de menina e laço de cetim rosa no cabelo ensebado. Ela atravessava no sinal vermelho para os pedestres e os automóveis frearem ruidosamente ao seu redor. E havia a sra. Kerner, uma mulher miudinha, com jeito de passarinho, que andava por toda parte com o cabelo envolto em um pano de limpeza, gestos arrebatados e comportamento loucamente abrupto. Ela parava as pessoas que não conhecia — na mercearia, no açougue ou na farmácia —, unia as mãos formando um par de punhos frouxos diante do rosto e, com um brilho demencial nos olhos castanhos, dizia: "*Ói*, hoje mesmo estive lendo uma história muito bonita da literatura russa! Uma história romântica capaz de fazer a alma mais desprezível chorar de desespero com a injustiça desta vida!". Depois esquecia a razão pela qual fora até a loja, virava-se e saía zunindo porta afora.

A sra. Kerner era a mãe da Marilyn Kerner. Marilyn era minha melhor amiga. Os Kerner viviam no andar abaixo do nosso, no apartamento ao lado, e na opinião da minha mãe eram tão diferentes de nossa família quanto seria possível. A diferença me escapava. Os Kerner eram simplesmente a família do andar de baixo, e eu pensava: "Bom, na casa *deles* é assim que fazem".

Marilyn era filha única. Os Kerner tinham um apartamento de três cômodos. Marilyn e a mãe dormiam em duas camas gêmeas com cabeceira de mogno, no quarto; o pai dormia num catre ao lado do sofá da sala. O sr. Kerner, como meu pai, trabalhava no distrito das confecções. Era um homem bem-apessoado, silencioso, de cabeleira espessa e grisalha e olhos azuis frios que vivia na minha imaginação como fonte perpétua de medo e ansiedade. A mulher e a filha festejavam sua saída de casa e temiam sua volta. Sua presença punha fim instantâneo às diversões da tarde no apartamento dos Kerner e era percebida como ameaçadora. Quando a sra. Kerner ficava alerta e rígida às cinco e meia da tarde, erguia o indicador e dizia "Silêncio! Ele está chegando!", era como se o Barba Azul estivesse prestes a entrar por aquela porta.

Eu preferia passar a tarde no apartamento dos Kerner a passá-la em qualquer outro lugar. Era como estar em casa sem nenhum parente. Na rua, a sra. Kerner podia fingir que era adulta, mas Marilyn e eu sabíamos que era mentira. Em se tratando da mãe dela, era tão óbvio que autoridade era uma posição adquirida que comecei a desconfiar que talvez mais de uma mãe estivesse fazendo de conta que a tinha, sem tê-la conquistado de fato. A sra. Kerner era encantadora e irritante: era mais interessante estar com ela do que com qualquer mãe normal, e mais bizarramente instrutivo. A presença da minha mãe era portentosa, mas a da sra. Kerner era comovedora. Sua aflição era tão visível, tão palpável. Eu sentia um dedo pressionar meu coração quando ela se expunha ao ridículo e ao repúdio de um par de moleques engraçadinhos de doze anos de idade.

Ela era uma péssima dona de casa que nunca parava de arrumar a casa. Andava o tempo todo com um pano amarrado na cabeça, um espanador de plumas na mão e uma expressão de perplexidade nos olhos. Ficava dando voltas pela casa, passando o espanador aleatoriamente aqui e ali. Outras vezes arrastava um aspirador monstruoso, de ferro, ligava-o com um barulho lamentoso aterrorizante, e a impressão que se tinha era de que um avião estava prestes a aterrissar na sala. A sra. Kerner empurrava o aspirador algumas vezes pelo tapete puído, desinteressava-se e largava o aspirador no lugar onde o desligara, às vezes por dois ou três dias.

Além disso, assava as coisas mais horrorosas: uma espécie de pão ou bolo, sempre o mesmo bloco compacto de massa semicrua. Partia um pedaço, erguia-o dramaticamente até o nariz, aspirava profundamente, declarava que era uma ambrosia e entregava-o a Marilyn ou a mim. "Gostoso, não é mesmo?", dizia, exultante, e eu confirmava, mastigando o mais depressa que conseguia para poder engolir logo (a manobra levava uns bons três ou quatro minutos), sabendo que passaria o resto do dia com um peso no peito. Mas queria engolir. Sabia que a sra. Kerner ficaria mais perplexa do que de hábito se eu não engolisse (o que ela estaria fazendo de errado *agora*?), e acho que me senti protetora em relação a ela desde o início de nossa convivência.

A sra. Kerner nunca acabava de aspirar a casa porque no meio de um movimento de ida sobre o tapete ela subitamente parava (às vezes se esquecendo de desligar o aparelho), corria para o quarto ou para a cozinha onde Marilyn e eu estávamos lendo ou desenhando e, cobrindo o rosto com as mãos, com os olhos brilhantes, exclamava: "*Ói*, meninas! Hoje mesmo estive lendo uma notícia no jornal. Uma mulher — pobre, boa, linda — atravessou a rua apressada, com sua última moeda na mão, para ir comprar leite para o filhinho doente que havia deixado sozinho no apartamento, só por um minuto, só para ir comprar leite, então um carro vira a esquina a toda velocidade, atropela a moça, derruba no chão, esmaga, destrói. *Gevalt!* As pessoas chegam correndo. Sangue por toda parte! O mundo fica ensopado do sangue daquela moça. Levam ela embora. E sabem o que acontece? Vocês nunca vão acreditar. É impossível que a mente humana imagine o que de fato acontece. Estão preparadas? Uma hora depois alguém encontra a mão dela na sarjeta. Ainda com a moeda".

Marilyn, caso estivesse desenhando, esquecia-se de largar o bastão de carvão. Eu, caso estivesse lendo, ficava ali imóvel, sentada, com uma página entre os dedos. No início irritadas com sua irrupção porta adentro, invariavelmente acabávamos envolvidas pela voz urgente e cadenciada da sra. Kerner. Meu coração começava a bater mais depressa enquanto ela falava, minha atenção se colava ao inesperado dos detalhes. A sra. Kerner era uma feiticeira. Detinha o poder do contador de histórias nato — aquele para quem todo farelo de experiência está unicamente à espera de que lhe deem forma e significado graças ao milagre da fala narrativa.

Não era a necessidade filosófica de dar sentido a tudo aquilo que levava a sra. Kerner à contação de histórias. Era antes o fato de que ela dava um valor extremado ao sentimento, e para ela as artes — a música, a pintura, a literatura — eram canais para a pura emoção. Contava histórias porque o que mais desejava era viver num mundo de beleza em meio a pessoas cultas dotadas de sentimento. E o sentimento, meninas, era tudo. A vida de uma pessoa se tornava rica ou pobre, valia um resgate ou era uma ninharia digna de ser jogada na sarjeta caso fosse dotada ou despojada de sentimento.

A sra. Kerner costumava pronunciar esse discurso apaixonado sobre a arte, a vida e o sentimento logo depois de nos contar uma história. Às vezes, nesses momentos, arregaçava as mangas e corria para o piano, comprado por quarenta dólares, sob protestos do sr. Kerner, para que Marilyn, que o odiava, que jamais encostava a mão nele, pudesse trazer para aquela casa, justamente para aquela casa, Chopin, Rachmaninoff, Mozart. Sem uso, o piano permanecia no vestíbulo, exceto nas duas ou três vezes por semana em que a sra. Kerner corria para ele, tirava o pó do banquinho com a saia, sentava-se com os movimentos exagerados do artista que se senta ao piano, erguia os braços bem alto no ar, depois baixava os dedos e batia nas teclas com força para produzir os compassos iniciais de "Os barqueiros do Volga". Esses compassos ela repetia dez ou vinte vezes, sem diminuição de interesse, nem dela nem nosso.

Era comum a sra. Kerner ser tomada pela ânsia pianística durante os últimos momentos da tarde, quando, febril com nosso entusiasmo comum pela contação de histórias, perdia a noção do tempo. E quando estava em plena tempestade digital sobre as teclas do piano, a porta se abria e nós três ficávamos paralisadas. O sr. Kerner nos fitava em silêncio. Depois passava por nós e entrava no apartamento, dava meia-volta ao chegar na sala, voltava para o vestíbulo, pendurava meticulosamente o paletó no armário da entrada (ele era o homem mais detalhista que já conheci), dizia "A casa está um chiqueiro. O que você fez o dia todo?", voltava para a sala, sentava-se na única poltrona e começava a ler o jornal. Nós nos dispersávamos imediatamente: a sra. Kerner ia para a cozinha, Marilyn para o quarto, eu ia embora.

Num sábado pela manhã, Marilyn e eu estávamos a caminho da Tremont Avenue, a rua comercial mais importante do bairro. Assim que passamos pela porta da frente, Marilyn se deu conta de que havia esquecido a carteira. Corremos escada acima até o apartamento dos Kerner e empurramos a porta do quarto, Marilyn na frente e eu logo atrás. Ela estacou de repente no limiar e eu colidi com seu corpo. Com as mãos apoiadas nas suas costas, olhei por cima de seu ombro para dentro do aposento. O sr. e a sra. Kerner estavam em uma das camas de cabeceira de mogno, ele por cima dela, os dois debaixo de um cobertor, com somente a parte superior do corpo visível. O rosto dele estava afundado, o dela jogado para trás, olhos fechados, boca torcida num gemido silencioso. As mãos dela apertavam com força as costas dele, a boca dele sugava o pescoço dela. A convulsão foi violenta e, entendi imediatamente, recíproca. Uma onda de calor e de medo percorreu meu corpo da garganta à pélvis. Aquela reciprocidade.

De modo que havia os Kerner, crivados de ódio, secretamente atrelados um ao outro no espasmo sexual, e havia meus pais, que se amavam, enquanto a cama dos dois flutuava castamente no espaço público. Embaixo, a casa era uma zona, o marido dormia exilado na sala, a mulher era uma sonhadora semilouca; em cima tudo tinha a limpeza de um quartel, com o marido no centro protocolar e a mulher apaixonada e cheia de opiniões. Para mim, essas diferenças não tinham maior importância. Não me pareciam notáveis nem fundamentais. O que ficava registrado em mim era o fato de que tanto a sra. Kerner como minha mãe adoravam a emoção romântica e ambas eram mulheres casadas.

Vamos subindo a Quinta Avenida. Para mim, é um dia ruim. Sinto-me gorda e solitária, presa à porcaria da minha vida. Sei que deveria estar em casa trabalhando e estou aqui bancando a filha zelosa só para ficar longe da escrivaninha. Minha ansiedade é tamanha que tenho dor de estômago. Minha mãe, como sempre, sabe que não pode fazer nada por mim, mas minha infelicidade a deixa nervosa. Ela está falando, falando, estendendo-se de modo aborrecido e complicado, sobre um primo meu que está pensando em se divorciar.

Já estamos chegando à biblioteca quando um seguidor de alguma religião oriental (cabeça raspada, pele translúcida, um feixe de ossos embrulhado em gaze cor-de-rosa desbotada) dispara em nossa direção com um exemplar dos escritos de seu líder estendido na mão. Minha mãe continua falando enquanto a criatura de roupa de gaze adeja em torno de nós, competindo com ela por minha atenção com uma cantilena incessante, um zumbido no ar. Por fim, sentindo-se interrompida, ela se vira para ele. "O que *é* isso?", pergunta. "O que quer de mim? Diga!" Ele diz a ela. Minha mãe o ouve até o fim. Em seguida endireita os ombros, assume a totalidade de sua estatura de um metro e sessenta e cinco centímetros e decreta: "Jovem, sou judia e socialista. Acho que já é suficiente para uma vida, não é mesmo?". O menino-homem de túnica cor-de-rosa fica encantado e, por um momento, acha graça. "Meus pais são judeus", confidencia, "mas de jeito nenhum socialistas." Minha mãe crava os olhos nele, balança a cabeça, segura meu braço com firmeza e me conduz para longe, subindo a avenida.

"Você acredita?", diz ela. "Um simpático rapaz judeu raspa a cabeça e sai pela rua falando besteira. Que mundo de doidos. Divórcio por toda parte, e quando não é divórcio é *isso*. Que geração, essa de vocês!"

"Não comece, mãe", digo. "Não quero ouvir essa baboseira outra vez."

"Baboseira aqui, baboseira ali", diz ela. "Mas é verdade. Seja lá o que tenhamos feito, não caíamos aos pedaços pela rua como vocês todos estão fazendo. Tínhamos ordem, sossego, dignidade. As famílias permaneciam juntas e as pessoas levavam vidas decentes."

"Isso é conversa. Ninguém levava vida decente coisa nenhuma, todos viviam vidas ocultas. Não vai me dizer que as pessoas eram mais felizes naquele tempo, vai?"

"Não", ela cede imediatamente. "Não estou dizendo isso."

"Então o que está dizendo?"

Ela franze as sobrancelhas e para de falar. Vasculha a cabeça para ver se encontra o que está dizendo. E consegue. Triunfante, acusadora, diz: "Hoje a infelicidade está *viva* demais".

As palavras dela me surpreendem e gratificam. Sinto prazer quando minha mãe diz uma coisa verdadeira ou inteligente. Chego quase a amá-la. "Esse é o primeiro passo, mãe", digo com voz suave. "A infelicidade precisa estar viva para que alguma coisa possa acontecer."

Ela para na frente da biblioteca. Não quer ouvir o que estou dizendo, mas se entusiasma com nossa troca de opiniões.

Seus olhos castanhos desbotados, escuros e brilhantes na minha infância, se iluminam à medida que o significado das suas palavras e das minhas penetra em sua mente. Seu rosto fica corado e sua face mole como um pudim se firma e se define fantasticamente. Acho-a bonita. Sei por experiência própria que ela vai se lembrar desta tarde com profundo prazer. Sei também que será incapaz de explicar a quem quer que seja a razão pela qual esta tarde foi prazerosa. Ela gosta de pensar, só que não sabe disso. Nunca soube.

Um ano depois que minha mãe disse à sra. Drucker que ela era uma puta, a família Drucker se mudou do prédio e Nettie Levine foi morar no apartamento que ficou vago. Não tenho lembrança da saída dos Drucker nem da chegada da mudança de Nettie, não me lembro de nenhum caminhão ou van indo retirar ou descarregar móveis, louça ou roupa, nem deles nem dela. As pessoas e todos os seus pertences pareciam evaporar de um apartamento enquanto outros simplesmente assumiam seu lugar. Absorvi muito cedo a natureza circunstancial da maioria dos vínculos. Afinal, que diferença fazia mesmo se os vizinhos da porta ao lado se chamavam Roseman, Drucker ou Zimmerman? A única coisa que realmente importava era ter vizinhos na porta ao lado. Com Nettie, porém, faria diferença.

Eu descia correndo as escadas depois da escola, impaciente para sair para a rua, quando nós duas nos chocamos no saguão escuro. Os sacos de papel pardo que ela trazia nos braços voaram em todas as direções. Nós duas fizemos "Ah!" e recuamos, eu de encontro ao corrimão da escada e ela de encontro à parede de pintura empolada. Me abaixei, corando de vergonha, para ajudá-la a recolher os sacos espalhados pelo patamar, e vi que o cabelo dela, de um vermelho vivo, se empilhava no alto da cabeça formando um topete e se espalhava por suas costas e sobre seus ombros. Suas feições eram estreitas e pontudas (os olhos amendoados, a boca e o nariz finos e agudos), e seus ombros eram largos, mesmo ela sendo esguia. Como nos retratos de Greta Garbo, pensei. Meu coração bateu com força. Até aquele momento eu nunca tinha visto uma mulher bonita.

"Não se preocupe com os pacotes", ela me disse. "Vá lá para fora brincar. O sol está brilhando. Você não pode desperdiçar esse sol ficando aqui no escuro. Vá, vá!" Ela falava inglês com sotaque, como as outras mulheres do prédio, mas sua voz era suave, quase musical, e suas palavras me tomaram de surpresa. Minha mãe nunca insistira para eu não deixar um prazer de lado, mesmo que fosse apenas o prazer da rua ensolarada. Corri escada abaixo, empolgada. Sabia que ela era a nova vizinha. ("Uma *ukrainishe* de cabelo vermelho casada com um judeu", observara minha mãe secamente, não mais de dois ou três dias antes.)

Duas noites depois, quando estávamos acabando de jantar, a campainha da porta tocou e fui atender. Lá estava ela. "Eu... eu..." Nettie riu, um riso torto, constrangido. "Sua mãe me convidou." Em pé diante da porta, ela parecia diferente, tosca e desajeitada, uma camponesa de rosto bonito, sem nada da criatura encantadora do saguão. Na hora me senti serena e generosa. "Entre!" Dei um passo para trás cortesmente no saguão minúsculo para que ela pudesse passar à cozinha.

"Sente, sente", disse minha mãe com sua voz áspera e amistosa, bem diferente de sua voz áspera de "minha opinião é essa". "Aceita uma xícara de café? Um pedaço de bolo?" Empurrou meu irmão, dizendo: "Chegue para lá. Deixe a sra. Levine se sentar no banco". Ao longo de um dos lados da mesa havia um banco de madeira de encosto alto; meu irmão e eu sempre nos apossávamos o mais depressa possível de um lugar ali, onde podíamos nos espalhar à vontade.

"Ou quem sabe gostaria de um copinho de schnaps?" Meu bonito e amável pai sorria, orgulhoso de ver a mulher tratar uma não judia com tamanha educação.

"Ah, não", recusou Nettie, "eu ficaria tonta. E por favor" — ela se virou num impulso para minha mãe —, "me chame de Nettie, e não de sra. Levine."

Minha mãe enrubesceu, feliz e confusa. Como sempre, quando se sentia insegura, batia depressa em retirada para o terreno da insinuação. "Acho que ainda não vi o sr. Levine, vi?", falou. A seus próprios ouvidos aquela era uma pergunta neutra, mas aos ouvidos de qualquer outra pessoa se tratava de uma afirmação rasa beirando a acusação.

"Não, não viu." Nettie sorria. "Ele não está aqui. No momento está em algum ponto do oceano Pacífico."

"*Ói vay*, ele é do Exército", anunciou minha mãe, começando a perder o corado das bochechas. Estávamos no meio da guerra. Meu irmão tinha dezesseis anos, meu pai tinha quarenta e muitos, quase cinquenta. Minha mãe fora deixada em paz. Sua culpa era exorbitante.

"Não", disse Nettie, confusa. "Ele é da marinha mercante." Acho que ela não entendia muito bem a diferença. Minha mãe certamente não entendia. Virou um rosto interrogativo para meu pai, que deu de ombros e assumiu uma expressão neutra.

"Quer dizer que ele é um marujo, mãe", explicou depressa meu irmão. "É marinheiro, mas não faz parte da Marinha. Trabalha em navios pertencentes a companhias privadas."

"Mas eu achei que o sr. Levine era judeu", protestou minha mãe inocentemente.

O rosto de meu irmão se tingiu de uma tonalidade próxima do roxo, mas Nettie se limitou a sorrir, orgulhosa. "E é", disse.

Minha mãe não ousou dizer o que estava com vontade de dizer: Impossível! Que judeu trabalharia voluntariamente num navio?

Tudo o que dizia respeito a Nettie se revelava impossível. Ela era uma gentia casada com um judeu que não se parecia com nenhum judeu que já tivéssemos conhecido. Sozinha a maior parte do tempo e aparentemente livre para viver onde bem entendesse, havia preferido ficar entre judeus da classe trabalhadora, que não lhe proporcionavam bens nem lhe ofereciam caridade. Uma mulher cuja beleza sensual atraía olhares de inveja e curiosidade, ela parecia valorizar sem moderação a vida de qualquer zé-ninguém que fosse respeitável. Elogiava profusamente minha mãe por seus talentos de dona de casa — sua capacidade de fazer render um orçamento limitado, de estar sempre com a casa cheirosa e de manter os filhos felizes ali —, como se tais talentos fossem um tesouro, algum dote precioso negado a ela, que simbolizava uma vida da qual fora excluída. Minha mãe — em segredo, tão embasbacada quanto todos os outros pelo aspecto de Nettie — costumava olhá-la com ar pensativo sempre que ela tentava (muitas vezes de forma vaga e incoerente) falar das diferenças entre as duas, e lhe dizia: "Mas agora você é uma esposa. Vai aprender essas coisas. É tudo muito simples. Não há nada a aprender". Nesses momentos o rosto de Nettie ficava penosamente rubro e ela balançava a cabeça. Minha mãe não entendia, e Nettie era incapaz de explicar.

Rick Levine voltou a Nova York dois meses depois que Nettie se mudou para o prédio. Ela estava tremendamente orgulhosa de seu marinheiro alto, moreno, barbado — exibia-o na rua para as adolescentes de quem ficara amiga, arrastava-o ao nosso encontro, fazia-o ir à mercearia com ela —, e passou por uma alteração visível. Uma espécie de luminosidade impregnou sua pele. Seus olhos verdes amendoados ficaram salpicados de luz. Uma nova graça se imprimiu em seus movimentos: seu jeito de andar, de mover as mãos, de ajeitar o cabelo para trás. De repente ficou revestida de uma aristocracia de caráter físico. Sua beleza aumentou. Ela parecia intocável.

Eu via as alterações pelas quais ela estava passando e ficava siderada. Acordava pela manhã e me perguntava se naquele dia ia encontrá-la no saguão. Se não a encontrasse, inventava uma desculpa para ir bater à sua porta. Não era que quisesse vê-la com Rick: a beleza dele era sombria, taciturna e canhestra, e não estava acontecendo nada entre eles que me interessasse. Era *Nettie* que eu queria ver, só ela. E tinha vontade de tocá-la. Minha mão estava sempre ameaçando disparar para longe de meu corpo na direção do seu rosto, do seu braço, do seu quadril. Eu ansiava por ela. Nettie irradiava uma espécie de promessa da qual eu não tinha forças para me afastar, eu queria... eu queria... eu não sabia *o que* queria.

Mas a euforia foi de curta duração, tanto a dela como a minha. Certa manhã, uma semana depois da volta de Rick, minha mãe a encontrou quando as duas saíam do prédio. Nettie se virou para o outro lado.

"Qual é o problema?", perguntou minha mãe. "Olhe para mim, me deixe ver seu rosto." Nettie virou-se lentamente para ela. Uma enorme mancha azul-escura, quase preta, rodeava seu olho direito semifechado.

"Ah, meu Deus", murmurou minha mãe com reverência.

"Ele não teve a intenção", implorou Nettie. "Foi um engano. Ele queria descer para o bar para encontrar os amigos. Eu não queria que fosse. Só bem depois ele me bateu."

A partir daí seu aspecto voltou a ser o que era antes de o marido voltar para casa. Duas semanas mais tarde, Rick Levine partiu de novo, dessa vez para uma viagem de quatro meses. Jurou à esposa pendurada nele que aquela seria a última. Quando voltasse, disse, em abril, encontraria um bom emprego na cidade e finalmente os dois poderiam sossegar. Ela acreditou que daquela vez ele estava falando a verdade e acabou por deixá-lo soltar seus braços do pescoço dele. Seis semanas depois da partida de Rick, Nettie descobriu que estava grávida. No fim do terceiro mês de ausência do marido ela recebeu um telegrama que informava que Rick levara um tiro durante uma briga de bar em um porto do mar Báltico. O corpo dele estava sendo embarcado de volta para Nova York e o seguro estava em discussão.

Nettie entrou na trama do cotidiano de nossa vida tão rapidamente que mais tarde tive dificuldade para me lembrar de como eram nossos dias antes de ela morar no apartamento ao lado. Ela passava lá em casa no fim da manhã para tomar um café, depois outra vez à tarde, e dava a impressão de jantar conosco três vezes por semana. Em pouco tempo me senti autorizada a entrar na casa dela a qualquer momento, e meu irmão era consultado diariamente sobre a questão intrigante do seguro de Rick.

"Coitadinha", dizia minha mãe o tempo todo. "Viúva. Grávida, pobre, abandonada."

Na verdade, com a gravidez inesperada, Nettie ficou protegida por ter se tornado patética, por ter se tornado outra. Era como se estivesse tentando, desde bem antes da morte do marido, fazer minha mãe se dar conta de que ela estava desamparada de uma forma que a outra nunca estaria, encaixada apenas temporariamente em uma paisagem na qual mamãe estava entrincheirada, e quando Rick amavelmente se deixou matar, essa verdade mais profunda veio à tona. Agora minha mãe podia amparar a beleza de Nettie sem se desequilibrar, e Nettie podia se beneficiar da respeitabilidade de mamãe sem se sentir humilhada. O pacto entre as duas foi celebrado sem uma única palavra. Ganhamos a beleza de Nettie em nossa cozinha todos os dias, e Nettie ganhou a proteção de minha mãe no prédio. Quando a sra. Zimmerman veio bater à nossa porta para fazer perguntas envenenadas sobre a *shiksa*, minha mãe a interrompeu secamente, dizendo que estava ocupada e que não tinha tempo para conversinhas bobas. Depois disso nenhum dos moradores do prédio se atrevia a fofocar sobre Nettie na presença de qualquer um de nós.

A lealdade da minha mãe, uma vez obtida, era inabalável. Contudo, isso não a impedia de julgar Nettie; simplesmente manifestava suas reservas de modo um tanto menos direto do que aquele que estava habituada a adotar. Sentadas na cozinha, ela e a irmã, minha tia Sarah, que morava a quatro quarteirões dali, ficavam falando dos homens que começaram a aparecer na porta de Nettie, um depois do outro, nas semanas que se seguiram à morte de Rick. Eram companheiros de navio de Rick, sobretudo os que haviam embarcado com ele em sua última viagem, que iam manifestar condolências à viúva de um colega e discutir com ela a questão do seguro de vida do marinheiro, que evidentemente estava sendo retido em decorrência da maneira como Rick morrera. Havia alguma coisa *estranha* no modo como aqueles homens se apresentavam, dizia minha mãe com veemência. Ah, é? Minha tia erguia uma sobrancelha, interessada. O que, exatamente, era estranho? Bem, especulava minha mãe, alguns deles apareciam uma vez só, o que era normal, mas outros voltavam duas, três vezes, em dias consecutivos, e os que voltavam duas ou três vezes faziam uma cara… Com toda a certeza era engano dela, mas era uma cara que dava a impressão de que estavam escondendo alguma coisa. E a própria Nettie tinha atitudes estranhas para com aqueles homens. Talvez fosse isso o mais perturbador: os trejeitos bizarros que Nettie parecia adotar na presença daqueles homens. Minha mãe e minha tia trocavam "olhares".

"O que você está querendo dizer?", eu indagava em voz alta. "Qual é o problema de Nettie agir assim ou assado? Não tem nada de errado no jeito como ela se comporta. Por que vocês estão dizendo essas coisas?" Diante das minhas perguntas, as duas se calavam. Nem me respondiam nem voltavam a falar de Nettie naquele dia, ou pelo menos não na minha presença.

Certa vez, num domingo pela manhã, entrei na casa de Nettie sem bater (a porta dela estava sempre fechada, mas nunca trancada). Uma pequena mesa ficava encostada na parede, ao lado da porta de entrada — o saguão do apartamento dela era menor do que o nosso, por isso quem chegava praticamente caía na cozinha, e as pessoas que estivessem sentadas à mesa eram logo "flagradas" por quem entrasse sem aviso. Naquela manhã vi ali um homem alto e magro, de cabelo cor de palha. Na frente dele estava Nettie, com a cabeça inclinada para a toalha de algodão estampado que eu adorava (na nossa mesa usávamos um tecido oleado muito sem graça). O braço dela estava estendido, a mão pousada imóvel sobre a mesa. A mão do homem, grande, com articulações volumosas e ossudas, cobria a dela. Ele estava olhando para a cabeça inclinada dela. Entrei voando porta adentro, um bólido intrusivo de nove anos de idade. Nettie deu um pulo no assento e ergueu depressa a cabeça. Em seus olhos havia uma expressão que eu veria muitas vezes nos anos por vir, mas que via pela primeira vez naquele dia, e embora não dispusesse de linguagem para designá-la, tive a sensibilidade de me sentir profundamente incomodada por ela. Nettie estava avaliando a impressão que a cena causava em mim.

Estamos numa tarde nublada de abril, quente e cinza, com a doçura de uma nova primavera no ar. O tipo de clima que provoca uma agitação difusa em locais não identificáveis. Casualmente é a data do aniversário do levante do gueto de Varsóvia. Minha mãe quer assistir ao encontro comemorativo que se realiza todos os anos no Hunter College. Me pediu para ir com ela. Eu não queria, mas concordei em acompanhá-la até a escola, andando pela Lexington Avenue. Agora, enquanto caminhamos, ela relata uma aventura que teve ontem na rua.

"Eu estava parada na avenida", minha mãe me conta, "esperando o sinal ficar verde, ao lado de uma menina de uns sete anos. De repente, antes de o sinal abrir, ela foi em direção à rua. Eu a puxei de volta para a calçada e disse: 'Querida, nunca, nunca atravesse no sinal vermelho. Só quando estiver verde'. A menina olhou para mim com uma expressão penalizada no rosto e disse: 'A senhora entendeu tudo errado'."

"Essa criança não chega aos oito anos", digo.

"Foi exatamente o que pensei." Minha mãe dá uma risada.

Estamos na Lexington, na altura das ruas quarenta e poucos. É um domingo. A rua está deserta, as lojas e os restaurantes estão fechados, raríssimas pessoas nas calçadas.

"Estou precisando de um café", anuncia minha mãe.

Os desejos dela são simples, mas inegociáveis. Minha mãe os percebe como necessidades. Nesse momento ela precisa de uma xícara de café. Não há desvio desse desejo — que ela chama de necessidade — até a xícara de líquido fumegante estar na sua mão, sendo erguida na direção de seus lábios.

"Vamos andar até a Terceira Avenida", digo. "Deve haver alguma coisa aberta lá." Atravessamos a rua e avançamos para leste.

"Falei com a Bella esta manhã", diz minha mãe quando chegamos ao outro lado da avenida, balançando a cabeça de um lado para outro. "As pessoas são tão cruéis! Não consigo entender. Ela tem um filho, um médico... Me desculpe, mas ele é tão ruim com ela... Simplesmente não entendo. Será que ele ia perder um pedaço se convidasse a mãe para passar um domingo no campo?"

"No campo? Achei que o filho da Bella trabalhasse em Manhattan."

"Ele mora em Long Island."

"E Long Island é o campo?"

"A West End Avenue é que não é!"

"Está bem, está bem. O que ele fez agora?"

"Não é o que ele fez agora, é o que ele faz o tempo todo. Ela estava falando com o neto esta manhã e o menino comentou que ontem à tarde um monte de gente tinha ido à casa deles, que todo mundo havia se divertido muito, que haviam comido na varanda. Você pode imaginar como a Bella se sentiu. Há meses que eles não a convidam para ir à casa deles. Nem o filho nem a mulher têm a menor consideração por ela."

"Mãe, como aquele filho fez para sobreviver, com uma mãe como a Bella? Pior ainda, como conseguiu acabar a faculdade de medicina? Assunto para o Ripley resolver, e você sabe muito bem disso."

"Ela é mãe dele."

"Ah, meu Deus."

"Não venha com 'ah, meu Deus' para o meu lado. É isso mesmo. Ela é mãe dele. Pura e simplesmente. A Bella se privou das coisas para que o filho pudesse ter."

"Ter o quê? A loucura dela? A ansiedade dela?"

"Ter vida. Pura e simplesmente. Ela lhe deu a vida que ele tem."

"Isso tudo foi há muito tempo, mãe. Ele não tem como se lembrar de coisas que aconteceram há tanto tempo."

"Não é civilizado ele não se lembrar!"

"Tudo bem, que seja. Nem por isso ele é obrigado a ter vontade de convidar a mãe quando vai se reunir com os amigos numa linda tarde de sábado no começo da primavera."

"Ele devia fazer isso, querendo ou não querendo. Não olhe para mim com essa cara. Sei do que estou falando."

Encontramos um café aberto na Terceira Avenida, um pé-sujo metido a besta com madeira plástica e vinil por toda parte, além de candelabros de latão com lâmpadas em forma de vela, acesas na tarde pretensiosamente escurecida.

"Pode ser?", pergunta minha mãe, feliz da vida.

Se eu dissesse "Mãe, este lugar é horroroso", ela diria: "Como essa minha filha é refinada. Cresci num apartamento sem água quente e com banheiro no corredor, mas este lugar não é bom o bastante para você. Tudo bem, escolha outro lugar", e a gente sairia bufando Terceira Avenida acima atrás de um café. Então faço que sim com a cabeça, sento-me ao lado dela a uma mesa perto da janela e me preparo para tomar um péssimo café enquanto retomamos nosso papo profundo sobre pais e filhos.

"Quente", diz minha mãe ao garçom de pálpebras caídas e cabelo preto que se aproxima muito devagar da nossa mesa. "Quero meu café quente."

Ele olha para ela com uma tal ausência de expressão que nós duas nos convencemos de que não entendeu. Depois se vira para mim, interrogando-me somente com as sobrancelhas. Minha mãe põe a mão no braço dele, inclina a cabeça para um lado, sorri exageradamente e pergunta: "De onde você é?".

"Mãe", digo.

Segurando firme o garçom, ela repete: "De onde?".

O garçom sorri. "Grego", responde. "Eu grego."

"Grego", ela diz, como se estivesse calculando o valor da nacionalidade que ele lhe oferece. "Ótimo. Gosto de gregos. Não esqueça. Quente. Quero meu café quente." Ele cai na risada. Ela tem razão. Sabe do que está falando. Quem se atrapalha no mundo sou eu, não ela.

Assunto encerrado, minha mãe volta ao que estávamos discutindo. "Não adianta. Você pode dizer o que quiser, mas os filhos já não amam os pais como quando eu era jovem."

"Mãe, você acredita mesmo nisso?"

"Claro que acredito. Minha mãe morreu nos braços da minha irmã, cercada de todos os filhos. E eu, como vou morrer, faça o favor de me dizer! Provavelmente vão me encontrar só depois de uma semana. Os dias passam sem que eu tenha notícias suas. Seu irmão, vejo três vezes por ano. Os vizinhos? Quem? Quem, naquele prédio, vai se preocupar comigo? Manhattan não é o Bronx, você sabe."

"Justamente. É disso mesmo que estamos falando. Manhattan não é o Bronx. Sua mãe não morreu nos braços da filha porque sua irmã amasse sua mãe mais do que eu e meu irmão amamos você. Sua irmã detestava sua mãe, e você sabe disso. Ela estava lá porque tinha o dever de estar lá e porque, depois que se casou, viveu a vida inteira virando a esquina da casa da mãe. Não teve nada a ver com amor. Aquela vida não era melhor que esta, era uma vida de imigrante, uma vida de trabalhador, uma vida de outro século."

"Chame do que quiser", ela responde, irritada. "Era uma forma de vida mais humana."

Ficamos caladas. O garçom aparece com o café. Minha mãe está com a xícara nas mãos antes de ele se virar para se afastar. Ela bebe e olha com desprezo para as costas dele se afastando. "Você acha que está quente?", pergunta. "Não está."

"Chame o garçom de volta."

Ela dispensa a sugestão com um gesto. "Esqueça. Vou tomar assim mesmo, não vou morrer por causa disso." É evidente que está ficando deprimida com a conversa.

"Bem, só sei que se ele não fosse filho dela, a Bella não ia mais querer saber dele."

"Então estão os dois na mesma situação, não é? Ele com certeza não ia mais querer saber da Bella se ela não fosse mãe dele."

Minha mãe olha fixamente para mim por cima da mesa. "O que é mesmo que você está querendo me dizer, minha filha tão inteligente?"

"Estou dizendo que hoje amor é uma coisa que se conquista. Mesmo entre mães e filhos."

A boca de minha mãe se abre e seus olhos ficam escuros de piedade. O que acabo de dizer é tão idiota que ela talvez não recupere o poder da fala. Depois, balançando a cabeça para a frente e para trás, ela diz: "Vou repetir exatamente o que a garota me disse: 'A senhora entendeu tudo errado'".

Nesse instante o garçom passa com um bule de café fumegante. A mão de minha mãe faz um rasante, quase levando o homem a perder o equilíbrio. "Esse aí está quente?", ela pergunta. "Porque este aqui não estava." Ele dá de ombros e serve o café na xícara dela. Minha mãe bebe avidamente e confirma com a cabeça, relutante. "Está quente." Satisfação, por fim.

"Vamos", ela diz, levantando-se. "Está ficando tarde."

Voltamos sobre nossos passos e prosseguimos Lexington acima. O dia está ainda mais agradável, mais quente, mais variado, agora com uma suspeita de chuva no horizonte cinza brilhante. Delicioso! Uma onda de expectativa sobe dentro de mim sem aviso prévio, mas, como de hábito, não vai longe. Em vez de se instalar francamente, ela oscila, hesita, volta-se para dentro e num instante fica sem fôlego e morre; movimentos com os quais estou tristemente familiarizada. Dou uma olhada para o lado, para minha mãe. Devo estar imaginando coisas, mas tenho a impressão de que seu rosto reflete a mesma trajetória louca de emoção desviada. Tem a face corada, mas os olhos parecem surpresos e a boca está caída. Pergunto-me o que vê quando olha para mim. O humor do dia começa a mudar perigosamente.

Estamos nas ruas 50. Ao longo da avenida, vastas vitrines cintilantes exibem cores e design. Que alívio ser domingo: as lojas estão fechadas, não há decisões a tomar. Minha mãe e eu coincidimos em nosso gosto por roupas, por andar bem-vestidas, mas nós duas achamos intolerável fazer compras.

Usamos sempre as mesmas poucas peças de vestuário recolhidas às pressas do cabide mais próximo. Quando estamos, como agora, diante de uma vitrine e somos forçadas a reconhecer que há mulheres que se vestem com deliberação, damo-nos conta de nossa incapacidade comum e nos tornamos o que tantas vezes somos: duas mulheres com inibições tremendamente semelhantes unidas pelo fato de terem vivido quase a vida inteira cada uma na órbita da outra. Nesses momentos, o fato de sermos mãe e filha introduz uma nota dissonante. Sei que é precisamente por *sermos* mãe e filha que nossas reações são imagens espelhadas, mas mesmo assim a palavra "filial" não parece adequada. Pelo contrário, a ideia de família, de sermos uma família, de *vida* familiar, parece completamente desconcertante: trata-se de uma incerteza que diz respeito a ela, tal como a mim. Estamos tão habituadas a pensar em nós mesmas como uma dupla de mulheres azaradas e incompetentes (ela viúva, eu divorciada), sempre incapazes de conquistar uma vida familiar para si mesmas... Contudo, enquanto estamos ali paradas diante da vitrine da loja, a "vida familiar", tanto para ela como para mim, parece uma aspiração fantasiosa jamais experimentada. As roupas expostas na vitrine me levam a pensar que nós duas passamos a vida confusas quanto a quem somos e a como chegar lá.

De repente, sinto-me muito infeliz. Tremendamente infeliz. Sou invadida por um sentimento de fracasso. Sinto-me desolada, sem direção ou foco, e todos os meus esforços diários me parecem pequenos e sem rumo. Perco a fala. Não estou apenas calada, mas sem fala. Minha mãe percebe que meu ânimo despencou. Não diz nada. Continuamos andando, as duas em silêncio.

Chegamos à rua 69, viramos a esquina e avançamos para a entrada do auditório Hunter. As portas estão abertas. Dentro, duzentos ou trezentos judeus ouvem os depoimentos que comemoram sua história inenarrável. Esses depoimentos são a cola que os gruda. Rememoram e convencem. Curam e conectam. Permitem que as pessoas encontrem seu próprio sentido. Os discursos prosseguem. Minha mãe e eu estamos em pé na calçada, juntas e sozinhas, cercadas pelo som da produção cultural que flutua até nós. "Somos um povo amaldiçoado", determina o orador. "Somos periodicamente destruídos, lutamos, nos reerguemos, nascemos outra vez. Nosso destino é esse."

Essas palavras são como adrenalina para minha mãe. Seu rosto se ilumina. Seus olhos ficam marejados. Seu maxilar endurece. Sua pele adquire um tônus muscular. "Entre", ela me diz baixinho, querendo me agradar. "Entre. Você vai se sentir melhor."

Faço que não com a cabeça. "Ser judia já não me ajuda", digo.

Ela segura meu braço com força. Não confirma nem rechaça minhas palavras, apenas olha diretamente para meu rosto. "Lembre", diz. "Você é minha filha. Forte. Você precisa ser forte."

"Ah, mãe!" exclamo, e minha vida assustada, sôfrega amante da liberdade, se acumula dentro de mim e se derrama por meu rosto de pele macia, este rosto que ela me deu.

Nettie deu à luz num dia horrivelmente quente de agosto, depois de cinquenta horas de um trabalho de parto que quase a rasgou ao meio. O bebê era um menino de cinco quilos e meio. Ela lhe deu o nome de Richard. A partir do momento em que minha mãe e eu a ajudamos a trazê-lo para casa do hospital, começamos a criá-lo com ela e às vezes em seu lugar. Dávamos sustento de vários tipos ao bebê, e de vez em quando lhe dávamos a própria vida. Ele era uma criança doentinha, que sofria crises repetidas de uma bronquite asmática que só encontrava alívio com inalações. Invariavelmente era minha mãe ou meu irmão quem se instalava debaixo do vaporizador improvisado (uma tenda de toalha armada sobre uma panela de água fervente), com Richie lutando por ar, nunca Nettie, que ficava imprestável com todas aquelas crises. Ela se limitava a andar de um lado para outro puxando o cabelo assim que o bebê começava a chiar.

Não demorou para ficar evidente que Nettie não tinha o menor talento para ser mãe. Muitas mulheres não têm. Elas imitam os gestos e as atitudes que veem nas mulheres que foram treinadas para ser, e torcem para que no fim dê certo. Mas Nettie fora treinada para atrair, não para domesticar, e ficava o tempo todo sem saber o que fazer. Não conseguia dominar a arte da comida sob a forma de papinha, não sabia esterilizar as fraldas nem dar banhos na pia da cozinha. Seus dedos não se desentorpeciam, seus movimentos careciam de eficácia, sua mente era incapaz de absorver o mais simples esquema de organização. Sua cozinha fedia a fralda usada, o bebê passava o tempo todo molhado e sujo, a pia atulhada de panelas por lavar, revestidas de uma camada de leite queimado. Nettie parecia permanentemente atordoada. Estava sempre dando voltas no meio da cozinha, sem meias, topete desabando, sobrancelhas franzidas numa expressão preocupada, indicador pousado sobre os lábios — tentando se lembrar onde podia ter largado alguma coisa necessária... Agora me deixe ver, onde *foi* que eu larguei aquele bebê?

Richie ia sobrevivendo em meio a um turbilhão de trapalhadas silenciosas. Tenho uma lembrança dele equilibrado no braço direito de Nettie, fralda cheia de cocô, rosto besuntado com os restos das duas últimas refeições, dedinhos agarrados a alguns fios de cabelo vermelho, equilibrando-se com todas as suas forças enquanto ela rodopia, tomada de um temor silencioso. Como Nettie não diz nada, só depois de algum tempo ele também fica com medo. Em seu rosto transparece um interesse intrigado que pouco a pouco se desfaz em pânico.

O silêncio de Nettie. Essa era outra coisa que a diferenciava das demais mulheres do prédio. Entre as outras, a primeira reação em caso de confusão ou necessidade era uma explosão de palavras em altos decibéis. Com Nettie, não. Sua incompetência poderia ter atraído as boas graças das mulheres, criando uma abertura natural que lhe permitisse entrar no mundo delas — "Ah, sra. Zimmerman/Roseman/Shapiro/Berger, me ensine, me diga, é *assim* que a senhora faz isso? Obrigada, a senhora sabe tantas coisas, eu sou tão ignorante, é tão bom aprender o que a senhora tem a ensinar". Só que ela não conseguia, não sabia nem por onde começar. Nettie se sentia exposta diante das mulheres, ficava em silêncio, não recorria a elas, escondendo a necessidade que sentia da ajuda delas todas. De todas, exceto de minha mãe.

Minha mãe foi a tábua de salvação de Nettie durante aquele primeiro ano de vida do Richie. Não era tanto o que ela fazia por Nettie, embora o conjunto de todas as suas mínimas ajudas (levar pão e leite a mais para casa, ficar com Richie durante uma hora, dar banho nele ou, de vez em quando, uma refeição) sem dúvida tornava a jornada de Nettie mais leve. Era sobretudo o mero fato de minha mãe estar ali para acolher o nervosismo dela. Periodicamente minha mãe dava uma geral na cozinha de Nettie e, em duas ou três horas de trabalho concentrado, deixava tudo brilhando e bem organizado. Depois ela se virava para Nettie como se dissesse: "Agora você está em ponto de bala. Comece a sua vida". A outra ria para ela, abraçava-a, beijava-a, e três dias depois o lugar estava exatamente do mesmo jeito de antes. Nettie aceitava o trabalho de minha mãe não como uma mulher jovem aceitaria, observando a mulher mais velha para aprender a fazer as coisas sozinha, mas como uma criança temporariamente salva por uma irmã mais velha um tanto protocolar. Na verdade, Nettie buscava abrigo ao lado de Richie como se os dois fossem crianças órfãs: cantando para ele, aninhando-se com ele, passando dias escondida com ele debaixo das cobertas da cama de casal, que ocupava quase todo o espaço do que supostamente seria a sala de estar, mas não era.

O apartamento de Nettie era o menor, mais escuro, mais escassamente mobiliado de todo o prédio. A cozinha, que, como a nossa, dava para a viela e recebia a luz matinal, era o único cômodo agradável. Atrás dela havia dois aposentos de tamanho desigual cujas janelas se abriam para uma parede de tijolos. Um deles deveria ter sido a sala, o outro, o quarto, mas Nettie não sabia como arrumar uma sala. O aposento maior abrigava uma cama de casal, uma cômoda, algumas estantes e uma mesinha mambembe. O outro ficou sendo um depósito — um armário grande onde o pior da irremediável desorganização de Nettie podia ser empurrado para fora da vista.

Com tudo isso, para mim, o apartamento, tal como a própria Nettie, tinha um toque de esperança e sofisticação. Eu não conhecia a palavra "beleza", não teria sido capaz de afirmar que em nossa casa faltava beleza; só sabia que pequenos detalhes de prazer visual transfiguravam o minúsculo apartamento de Nettie, deixando-me feliz e repleta de expectativa assim que cruzava a porta da casa dela. A maternidade a perturbara, interferira no seu estranho e adorável costume de se aninhar, jogara-a no caos, mas ainda assim: a cama ficava coberta por uma colcha em fina lã ucraniana estampada em motivo de caxemira, havia um candelabro de prata sobre a mesinha mambembe, um ícone pendurado na parede, a mesa dobrável da cozinha ficava escondida debaixo de uma toalha deslumbrante de estampa geométrica, e sobre o parapeito da janela havia um grande gerânio sempre podado com capricho, plantado numa terra úmida e preta, as folhas de um verde intenso. Mesmo no dia mais escuro, o vermelho vivo, o preto e o verde da planta eram uma empolgação. Não eram os objetos em si — em casa tínhamos um magnífico samovar de cobre na sala que eu só vi quando estava com vinte e cinco anos —, era o modo como Nettie distribuía e arrumava as coisas, um dom todo seu de criar graça e beleza onde antes não havia nada disso. E depois, claro, havia a renda; por todo lado, a renda de Nettie.

Nettie era uma rendeira talentosa. Na verdade conhecera Rick Levine no tempo em que trabalhava numa fábrica de rendas. Sabia fazer vestidos e casacos, toalhas e colchas, mas nunca se dedicara a empreitadas de mais fôlego. Só fazia guardanapinhos, fronhas, protetores para encostos e braços de poltronas, pequenos enfeites para alegrar o minúsculo apartamento. Quando se sentava para fazer renda, nunca estava com uma ideia específica ou um modelo determinado na cabeça: simplesmente fazia renda. Afundava numa cadeira junto à mesa da cozinha sempre que Richie enfim capotava, no fim da tarde ou à noite (ele nunca era posto na cama, apenas perdia os sentidos), enrolava uma boa porção do macio e sedoso fio de algodão no pulso e no indicador, apanhava a delgada agulha de aço, e começava. Trabalhava para se consolar, para distrair e apaziguar seus sentimentos machucados (não havia ocasião em que Nettie não estivesse se recuperando da maternidade). Ela não levava seu talento a sério. Quem a observasse trabalhando veria que se interessava pelo que estava fazendo — os motivos pareciam brotar de sua agulha, surpreendiam-na, ela ficava curiosa para saber como a peça ia ficar quando estivesse pronta —, mas seu interesse não era estável: num momento atento e concentrado, dali a pouco esquecido com um dar de ombros, descartado, esquecido com facilidade. Fazer renda não passava de uma companhia relativamente valorizada, uma companhia para quando ela estava nervosa, relaxada, esperançosa ou tensa, em processo de ficar irritada ou de se acalmar.

Se eu contasse as horas que passei sentada à mesa da cozinha enquanto Nettie fazia renda, o total seria de uns dois ou três anos. Em geral era lá que eu ficava no fim da tarde e, com frequência, à noite, depois do jantar. Ela fazia renda enquanto eu acompanhava o movimento de sua agulha, e isso acabou sendo uma maneira de estarmos juntas. Enquanto trabalhava, Nettie gostava de imaginar coisas, e eu ouvia o que ela imaginava e dava minhas contribuições.

"Não seria o máximo se..." era sua introdução costumeira. A partir dessas palavras ela tecia uma história de heroísmo envolvendo amor ou dinheiro com a mesma facilidade com que ia desenrolando o fio sedoso dos dedos. Tal como as tramas dos romances que gostava de ler (movendo os lábios à medida que seus olhos percorriam lentamente a página), suas fantasias eram simples, repetitivas e chatas. As que tinham a ver com dinheiro costumavam ser assim: "Não seria o máximo se uma velhinha estivesse atravessando a rua e fosse quase atropelada por um caminhão, então eu a salvava e ela dizia: 'Ah, minha querida, como posso lhe agradecer? Tome, aceite isto', então me entregava o colar que estava usando e eu o vendia por mil dólares?". Ou: "Não seria o máximo se eu estivesse sentada num banco do parque e visse um saco de papel pardo enfiado entre as ripas, uma coisa que ninguém queria pegar porque o papel estava todo amassado e sujo, e eu abria o saco e via que dentro havia mil dólares?". (No fim da década de 1940, em certos meios, mil dólares era o mesmo que um milhão de dólares.)

As histórias que tinham a ver com amor eram infinitamente mais sedutoras para ela, e Nettie as abordava com muita elaboração: "Não seria o máximo se acontecesse o seguinte: estou descendo do bonde, escorrego, torço o tornozelo e me levam para o hospital, aí o médico que vem me atender é alto, lindo, amável e gentil, ele olha para mim e eu para ele, e a gente não consegue mais desgrudar os olhos um do outro, até parece que estamos colados, passamos a vida inteira procurando um pelo outro e agora estamos com medo de desviar os olhos mesmo por um minuto, e aí ele me diz: 'Faz tanto tempo que eu espero por você, você aceita se casar comigo?', e eu digo: 'Mas você é médico, um homem culto, e eu sou uma mulher pobre, ignorante, sem cultura, você vai sentir vergonha de mim', e ele diz: 'Preciso de você, não vale a pena viver se eu não puder ficar com você', e fim da história, daquele dia em diante, não nos separamos mais".

Às vezes, depois de uma ou duas horas disso, ela me dizia: "Agora é você que fala o que gostaria que acontecesse". E eu dizia: "Não seria o máximo se houvesse uma inundação ou uma epidemia ou uma revolução, e mesmo eu sendo criança eles me encontrassem e dissessem: 'Você sabe falar tão bem, precisa ajudar as pessoas a se salvar desse desastre'". Eu nunca fantasiava coisas de amor ou de dinheiro, sempre fantasiava que estava fazendo discursos eloquentes que faziam dez mil pessoas se dar conta de suas vidas e *agir*.

Nettie ficava me olhando quando eu dizia o que gostaria que acontecesse. A centelha em seus olhos brilhava por um instante e os dedos de movimentos rápidos se imobilizavam sobre seu colo. Acho que ela estava sempre esperando que *daquela* vez seria diferente, que daquela vez eu viria com uma história mais parecida com as dela, uma história que a fizesse se sentir bem, e não intrigada e esquisita. Mas ela devia saber que era muito improvável. Do contrário teria me pedido com mais frequência que lhe dissesse qual era o acontecimento mágico que eu mais desejava.

Quando eu estava com catorze anos, as rendas de Nettie desempenharam um papel importante num evento decisivo de meu mundo interno. Foi no ano que se seguiu à morte de meu pai, quando comecei a ir à escada de incêndio, tarde da noite, para ficar sentada lá, inventando histórias na minha cabeça. O ambiente em casa ficara meio parecido com o de um necrotério. A dor da minha mãe era primitiva e abrangia tudo: sugava o oxigênio do ar. Uma sensação de droga pesada se instalava na minha cabeça e no meu corpo assim que eu entrava no apartamento. Nenhum de nós — nem meu irmão, nem eu, nem, com toda a certeza, minha mãe — encontrava consolo na companhia um do outro. Estávamos simplesmente exilados juntos, aprisionados numa mesma aflição. A solidão do espírito se apropriara conscientemente de mim pela primeira vez, por isso passei a prestar atenção na rua, na difusa e melancólica força evocativa interna que agora era o único alívio para o que depressa identifiquei como um estado de perda e de derrota.

Comecei a ir para a escada de incêndio na primavera; sentei-me lá todas as noites ao longo daquele primeiro verão incomensuravelmente longo, com minha mãe deitada no sofá atrás de mim gemendo, chorando, às vezes gritando noite adentro, e meu irmão perambulando pelo apartamento sem destino, lendo ou apenas andando, sendo que a única conversa entre nós era a de parentes não mais educados do que o indispensável. "Me traga um copo de água", ou "Feche a janela, estou sentindo uma corrente de ar", ou "Você vai descer? Traga leite". Descobri que um jeito de conseguir me sentir melhor era simplesmente balançando as pernas para fora do parapeito da janela e virando o rosto todo para fora, ignorando a sala às minhas costas.

Com o escuro e o silêncio, as ruas miseráveis que víamos pelas janelas de nossos apartamentos pobres se transformavam. No ar noturno havia uma claridade, uma delicadeza e uma plenitude inenarravelmente doces, que intensificavam o isolamento mágico que eu buscava e que facilmente se transformavam num canal para o devaneio. Nem bem eu me instalava dando as costas ao apartamento, olhos voltados para a rua, entrava em estado de intenso devaneio. Esse devaneio estava a não mais que um passo de distância do "Não seria o máximo se" da Nettie, mas era um passo importante. O meu começava por "Imagine só", e era seguido não de histórias de ajuda imediata, mas de fabulações de "significado amplo". Ou seja: as coisas sempre acabavam mal, mas havia grandeza no desastre. Minhas histórias tinham o propósito de mostrar que a vida era trágica. Estar "em estado de tragédia" era ser salvo do que eu via como as dores prosaicas da minha própria vida. Elas pareciam desprovidas de significado. Ser salva da ausência de significado, para mim, era tudo. A amplitude de significado era a redenção. Era o começo de uma escritora adolescente: eu começara a mitificar.

No fim do verão, uma mulher que eu nunca vira antes apareceu no bairro e passou a rondar o nosso quarteirão, tarde da noite, do outro lado da rua da escada de incêndio onde eu me sentava. Nunca a vi durante o dia, mas toda noite ela aparecia pontualmente às onze horas. Era magra, de pele clara. Uma massa de cabelo preto encaracolado emoldurava seu rosto. Tinha ombros estreitos e ossudos. Andava maquiada e usava salto. Suas meias de náilon, frouxas nas pernas, ficavam enrugadas em torno dos tornozelos, e em seu jeito de andar havia algum mau contato muscular, como se ela tivesse sido despedaçada tal qual uma boneca, depois remontada às pressas. Às vezes usava um xale fininho com uma estampa tropical. Era uma criatura completamente incongruente com aquelas ruas, transbordantes que eram de respeitabilidade proletária, mas aceitei seu aparecimento tão impensadamente quanto aceitava as outras esquisitices humanas do quarteirão. Ou pelo menos era o que eu achava.

Uma noite no início do outono, enquanto a olhava passar desconjuntada pelo quarteirão, virei-me para a sala, onde meu irmão lia e minha mãe estava deitada no sofá. Chamei meu irmão até a janela e apontei a mulher na rua.

"Reparou nela?", perguntei.

"Claro", ele disse.

"Quem é?"

"Uma prostituta."

"Uma o quê?"

"É uma pessoa que não tem casa", disse minha mãe.

"Ah", falei.

Naquele momento me dei conta de que a mulher da rua me comovera. Ficava mexida com sua presença, seu aspecto. Sentia-a como uma pessoa quebrada, quebrada e doente, e começara a me imaginar tomando conta dela. Essa imagem agora se impunha, cruzava o véu de pensamentos semiconscientes e ganhava corpo velozmente. À medida que eu tomava conta dela, ela ia mudando, seus ombros ficavam mais largos, sua pele clareava, seu cabelo se desembaraçava; mais do que tudo, seus olhos ficavam sérios e focados. Mesmo assim, as noites estavam se tornando mais frias e ela tremia em seu vestido fino e seu xale roto. Eu me imaginava embrulhando-a em algum tecido adorável, que ao mesmo tempo aquecesse e tivesse a virtude mágica de acelerar o processo de cura. Durante muito tempo não consegui visualizar com clareza esse tecido. Seria grosso, fino, liso ou estampado, claro ou escuro? Então, certa noite, examinei-o de perto e vi que era renda. Uma série de imagens em clarões que me confundiram. Vi o rosto de Nettie envolto numa de suas próprias rendas. Vi a mim mesma e a prostituta e Nettie, as três com o rosto tristemente pousado sobre toalhinhas de renda. Nenhuma de nós merecera uma toalha, só aqueles pedacinhos, aqueles recortes, e todas lamentávamos o fato de não ter mais que pedacinhos e recortes.

Caminhamos para oeste pela rua 23. O dia vai avançado e centenas de trabalhadores jorram do edifício da Metropolitan Life. Minha mãe, andarilha especialista na cidade (e conquistadora de assento no metrô), abre caminho a cotoveladas para sair do meio da multidão, e eu a sigo de perto. Já fez um belo progresso quando um homem se posiciona deliberadamente em seu caminho. Ela desvia para a esquerda, ele desvia para a esquerda. Ela desvia para a direita, ele desvia para a direita. Ela encara o peito dele e depois, depressa como um pássaro assustado, seu rosto: afinal de contas estamos em Nova York. Por um momento todos os sistemas de reação travam. Minha mãe não reage. Simplesmente fica ali. E então, de repente, está de novo em ação — e fazendo barulho.

"Maddy!", ela exclama para o homem. "Madison Shapiro. Pelo amor de Deus!"

É minha vez de ficar sem reação. Conheço muito bem o nome Maddy Shapiro, mas não reconheço o rosto diante de mim. Ah, agora entendo. Não é porque não vejo Maddy Shapiro há mais de vinte anos, é porque Maddy Shapiro fez plástica no nariz. Estou impressionada com o fato de minha mãe ter encontrado o Maddy naquele novo rosto dele.

O homem que está à nossa frente tem cinquenta anos. Seu cabelo crespo é castanho e grisalho, seus olhos são azuis, sua silhueta por baixo do terno bem cortado é esguia e sensual, e ele é embelezado pela linha reta e estreita de um nariz encantador, nem muito comprido nem muito curto, do tamanho certo. Em outra vida aquele nariz era um lamentável nariz judeu em gancho, sempre arrastando todos os elementos da jovem fisionomia tristonha de Maddy para baixo, para baixo, para baixo, até o fundo da alma dele. Sua mãe, a sra. Shapiro, que morava no terceiro andar do nosso prédio, passava a vida correndo atrás dele pela rua com o copo de leite que o filho não tinha querido tomar até o fim. As crianças gritavam "Beba seu leite, Maddy, beba seu leite", e o nariz de Maddy parecia cada vez mais comprido e sua boca ficava caída em meio ao silêncio amuado que ele adotava como estratégia permanente de sobrevivência.

Quando estávamos na adolescência, Maddy surpreendeu a todos, certa noite numa festa do bairro, com seu extraordinário desempenho no foxtrote. ("Um verdadeiro Fred Astaire", declarou minha mãe.) Onde será que ele havia aprendido a dançar daquele jeito?, era o que nos perguntávamos. Aquele não era o tipo de dança que se aprendia olhando Astaire nas tardes de sábado numa sala escura de cinema, ou sozinho, fazendo movimentos na frente do espelho. Aquela era uma dança que se aprendia com *pessoas*. Mas onde? Com quem? Quando? Será que Maddy tinha outra vida em *outro* lugar? A pergunta foi formulada, mas ninguém esperou por uma resposta e muito menos insistiu para obtê-la.

Depois que Maddy foi para a escola, praticamente não o vimos mais, porém uma noite, quando Marilyn Kerner e eu estávamos de bobeira no meu quarto, ele entrou e se juntou a nós. Começamos a brincar de "Como você quer que seu marido" (ou sua mulher, Maddy) seja?". Eu disse que meu marido precisava ser muito inteligente. Marilyn disse que na verdade não queria nenhum marido, mas que, caso fosse obrigada a ter um, ele teria de deixá-la fazer tudo o que quisesse. Maddy começou a dançar pelo aposento, olhos fechados, braços em torno de um par imaginário. "Ela precisa ser muito bonita", disse ele, "e ser uma dançarina de primeira." O que Maddy não teve como dizer na ocasião, pelo menos em parte porque ele próprio ainda não tinha certeza, foi que mais ainda do que ser uma dançarina de primeira, ela teria de ser um ele.

"Encontrei sua mãe há uns meses", está dizendo minha mãe. "Ela falou que nunca tem notícias suas. Que turminha vocês, hein?" Olho para ela embasbacada. Há mais de vinte anos não põe os olhos no Maddy Shapiro, o que não a impede de se sentir inteiramente à vontade...

Maddy cai na risada e a abraça; as pessoas nos empurram ao passar por nós, incomodadas por estarmos bloqueando a trilha que costumam seguir automaticamente para chegar ao metrô. "Que turminha *vocês!*", responde ele com algo semelhante a afeto na voz. Olho para Maddy. Sei que se fosse a sra. Shapiro dizendo aquilo, o rosto dele ficaria tomado de raiva e mágoa, mas na boca da *minha* mãe a observação é *afetuosamente* horrível, *calorosamente* exasperante. É de momentos de distanciamento como esse que sai a narrativa que fazemos de nossas vidas.

"Nada nunca muda, não é mesmo?" Maddy balança a cabeça.

"Não é verdade", diz minha mãe, ousada. "*Você* mudou. Não sei o que é, mas você virou uma pessoa totalmente diferente."

"Totalmente não", retruca Maddy. "Afinal, você me *reconheceu*, não é mesmo? Dentro do Maddy novinho em folha, sabia que ainda estava o velho Maddy, e *você* o localizou. Não consegui enganar *você*, não é mesmo?"

Muito bem, muito bem, Maddy.

Um pouco mais de perguntas e respostas e atingimos o limite do interesse mútuo. Trocamos números de telefone, prometemos manter contato e nos separamos, sabendo que nunca mais nos veremos.

Minha mãe e eu continuamos andando para oeste pela rua 23. Ela segura meu braço e se inclina para mim, confidencial. "Me diga uma coisa", pede. "Maddy é o que se costuma chamar de homossexual?"

"É", respondo.

"O que os homossexuais fazem?", pergunta ela.

"Fazem tudo o que você faz, mãe."

"Como assim?"

"Eles trepam exatamente como você."

"E como fazem isso? Onde?"

"No cu."

"Deve doer."

"Às vezes dói. Em geral, não."

"Eles se casam?" Ela ri.

"Alguns se casam. A maioria, não."

"São solitários?"

"Tão solitários quanto nós, mãe."

Ela fica em silêncio. Desvia os olhos para a meia distância de um modo bizarro, abstraído, que apareceu nela neste último ano. Está sozinha dentro daquele olhar remoto em seu rosto, mas esse "sozinha" é diferente do "sozinha" que conheço bem, aquele que distorce seus traços para formar uma máscara de amargura, o "sozinha" dentro do qual ela fica fazendo a conta das ofensas e decepções que sofreu. Este "sozinha" de agora é suave, não amargo, repleto de interesse, sem sinal de autocomiseração. Agora, quando os olhos dela se estreitam é para absorver mais claramente o que sabe, concentrar-se no que viveu. Minha mãe se sacode como se quisesse se livrar de um sonho invasivo.

"As pessoas têm o direito de viver suas vidas", diz ela, composta.

Meu pai morreu às quatro horas da manhã no fim de novembro. Às cinco e meia chegou um telegrama do hospital onde ele estivera internado, em pânico, durante uma semana, sob uma tenda de oxigênio que diziam que salvaria sua vida, embora eu soubesse que não. Ele tivera três crises cardíacas em cinco dias. A última o matou. Estava com cinquenta e um anos de idade. Minha mãe, com quarenta e seis. Meu irmão, com dezenove. Eu, com treze.

Quando a campainha tocou, meu irmão foi o primeiro a sair da cama. Minha mãe o seguiu de perto, comigo atrás. Nós três nos amontoamos no vestíbulo minúsculo. Meu irmão ficou de pé à porta, iluminado por uma lâmpada de sessenta watts, olhando para um quadrado de papel amarelo-claro. Minha mãe enterrou as unhas no braço dele. "Papai morreu, não é mesmo? Não é mesmo?" Meu irmão desabou no chão e a gritaria começou.

"Ah", gritava minha mãe.

"Ah, meu Deus", gritava minha mãe.

"Ah, meu Deus, me ajude", gritava minha mãe.

As lágrimas caíram e se acumularam e inundaram o vestíbulo e escorreram até a cozinha, depois percorreram a sala e empurraram as paredes dos dois quartos e nos carregaram para longe.

Mulheres gemendo e homens amedrontados passaram o dia e a noite em volta da minha mãe. Ela arrancou os cabelos, feriu a própria carne e desmaiou inúmeras vezes. Ninguém ousava tocá-la. Estava sozinha no meio de um círculo em uma estranha quarentena. Eles a rodeavam, mas não se intrometiam. Ela se tornara mágica. Estava possuída.

Comigo, faziam o que queriam. Quando me passavam de um para outro num êxtase de piedade ritual, isolavam-me mais completamente do que o descaso poderia ter feito. Sufocaram-me em seus braços, entupiram-me com uma comida impossível de digerir, aterrorizaram meus ouvidos com uma conversa fiada destinada a me reconfortar, mas que me atordoava. Minha única esperança era a retirada. Assumi uma atitude indiferente e assim permaneci.

Periodicamente, o olhar vidrado de minha mãe se fixava em mim. Nessas ocasiões ela guinchava meu nome e dizia: "Órfã! Ó Deus, você é uma órfã!". Ninguém tinha coragem de lembrá-la de que, segundo o costume judeu, a pessoa é órfã quando a mãe morre, e só meio órfã quando o pai morre. Talvez não fosse exatamente questão de coragem. Talvez eles compreendessem que ela na verdade não estava falando de mim. Estava falando de si mesma. Estava consumida por um sentimento de perda tão primitivo que havia passado a carregar todo o sofrimento. O sofrimento de todo mundo. O da esposa, o da mãe e o da filha. O sofrimento a tomara e a esvaziara. Ela se tornara um vaso, um canal, uma manifestação. Agora era dona de uma notável fluidez, sensual e exigente. Podia estar jogada no sofá como uma boneca de trapo, olhos opacos, sem ver coisa alguma, língua apontando da boca semiaberta, braços pendentes, inertes. De repente, ela se incorporava de um salto, o corpo tenso e alerta, olhos atentos, testa banhada em suor, uma veia pulsando no pescoço. Dois minutos depois estava em movimento, rastejando junto do sofá, caindo no chão, pele branca como giz, olhos apertados, boca fechada, lábios comprimidos. Aquilo se estendeu durante horas. Dias. Semanas, depois anos.

Eu me via apenas como figurante no drama extraordinário do luto da minha mãe. Não me importava com isso. Não sabia o que se esperava que eu estivesse sentindo e não tinha tempo para descobrir. Na verdade, estava amedrontada. Não me opunha a estar amedrontada. Achava que era uma reação tão boa quanto qualquer outra. Só que estar amedrontada impunha certas responsabilidades. Por exemplo, era indispensável que eu não afastasse os olhos da minha mãe nem por um instante. Não chorei. Nem uma vez. Ouvi uma mulher murmurar: "Filha desnaturada". Lembro-me de pensar: ela não entende. Papai se foi e obviamente mamãe irá a qualquer momento. Se eu chorar, não vou conseguir vê-la. Se não a vir, ela vai desaparecer. E aí vou ficar sozinha. Foi assim que começou minha obsessão consciente de não perder mamãe de vista.

No meio da primeira noite depois de papai ser enterrado, começou a nevar. Remexendo-se em seu sofá empapado, minha mãe viu a neve caindo. "Ah, ai de mim", ela gemeu. "Está nevando em você, meu amado! Você está lá fora completamente sozinho no meio da neve." Um novo calendário passara a contar o tempo no apartamento: a primeira neve que caiu sobre a sepultura de meu pai, a primeira chuva, o primeiro verde do verão, o primeiro ouro do outono. Cada um desses "primeiros" era anunciado num uivo alto e agudo que, para começar, funcionava feito uma agulha em meu coração, para acabar feito uma agulha em meu cérebro.

O enterro. Vinte anos mais tarde, num período em que morei no Oriente Médio como correspondente, assisti quase semanalmente a cerimônias fúnebres árabes — centenas de homens e mulheres correndo pelas ruas, rasgando as próprias roupas, soltando gritos de natureza animal num volume e num tom aterrorizantes, pessoas desmaiando, sendo pisoteadas, enquanto a multidão rodopiava, sempre guinchando. Os ocidentais que porventura estivessem perto de mim na rua balançavam a cabeça impressionados ao ver uma cena tão estrangeira a eles que só podia confirmar sua secreta convicção de que aquelas pessoas efetivamente não eram como eles. Para mim, porém, tudo parecia perfeitamente familiar, só que num volume um pouquinho mais elevado do que eu lembrava, e com a insanidade bem mais partilhada entre os participantes. Na minha memória, mamãe ocupava o centro da cena em todas as ocasiões.

Quando acordei na manhã do sepultamento, ela se revirava no sofá no qual estava deitada havia quarenta e oito horas vestindo roupas que se recusava a trocar, já chorando. O choro era rítmico, repetitivo: começava como um lamento grave que rapidamente atingia um tom agudo e depois recuava, numa perda de energia que emendava no lamento original. Cada ciclo durava cerca de dois ou três minutos e se repetiu sem variação ao longo daquela manhã interminável, enquanto oito ou dez pessoas (meu irmão e eu, alguns tios, os vizinhos) andávamos sem rumo pelo apartamento: entrando e saindo da cozinha, entrando e saindo da sala, entrando e saindo dos quartos.

Não me lembro de haver conversas; tampouco me lembro de um único abraço, mesmo mudo. É verdade que o comportamento explosivo era uma coisa comum entre nós, enquanto o consolo afetuoso era uma dificuldade, mas fora mamãe que nos mergulhara no mutismo. O sofrimento dela elevava a morte de papai, transformava todos nós em participantes de um acontecimento que teria consequências, dizia-nos que acontecera uma coisa que não podíamos tolerar, não podíamos admitir, um acontecimento que, no mínimo, nos atrofiaria para sempre. Ao mesmo tempo, era mamãe quem ocupava o centro dramático do acontecimento, enquanto nós, figurantes, perambulávamos pelo cenário num movimento sem lágrimas nem fala, num lamaçal de infelicidade cinzenta. Era como se todos tivéssemos sido absorvidos pelo abandono espetacular em que ela se encontrava, como se nos tornássemos testemunhas de sua perda, mais que sofredores por direito próprio. Mamãe era quem ocupava nossos pensamentos enquanto andávamos pelo apartamento sombrio — quem poderia pensar em papai, no meio daquele tumulto? —, mamãe era quem deveria ser cuidada e atendida, mamãe, cuja agonia mortal ameaçava transformar-se em colapso completo. O desastre parecia iminente, e não algo que já acontecera.

Ao meio-dia, de repente, a casa transbordava de pessoas que em vez de ir direto para o local do velório, como havíamos pedido, apareciam no apartamento. Aquelas pessoas quase nos enlouqueceram. A cada novo rosto que se posicionava diretamente em seu campo de visão, minha mãe se sentia solicitada a produzir uma nova tempestade de lágrimas e guinchos. Meu terror deu um salto. Agora ela ia decolar para uma crise de histeria sem volta.

Chegou o momento de erguê-la do sofá, ajeitar suas roupas e conduzi-la porta afora. Tão logo suas pernas ultrapassaram a borda do sofá, ficou espástica, passando a tremer convulsivamente. Os globos oculares giravam em seu crânio, o corpo afrouxou, os pés se recusaram a tocar o assoalho, e ela saiu do apartamento como uma condenada a caminho da execução, arrastada por um enxame de homens e mulheres que choravam, imploravam, gritavam e desmaiavam, numa solidariedade mimética.

No local do velório, mamãe tentou entrar no caixão. No cemitério, tentou se jogar na sepultura aberta. No decorrer do sepultamento houve outros momentos dignos de registro permanente — meu irmão desmaiou, eu fiquei tanto tempo olhando para dentro do caixão que foi preciso me empurrar para que eu saísse dali, um companheiro político de meu pai declarou junto à sepultura que ele fora um escravo assalariado naquela América —, mas evoco esses momentos sem a menor clareza ou nitidez. Eles empalidecem na memória diante da persistência resplandecente da loucura de mamãe.

O dia do sepultamento deu a impressão de se estender por dez dias. Nunca havia menos que uma dúzia de pessoas vagando pelo apartamento. Minha mãe no sofá, chorando e desmaiando. Um por um, revezando-se, cada homem e cada mulher no apartamento ia para perto do sofá, olhava impotente para ela durante alguns minutos, dizia-lhe que o pior que poderia ter acontecido já tinha acontecido, depois a informava: Assim é a *vida*. Ninguém podia *fazer* nada. Ela precisava *ser forte. E seguir em frente.* Aquilo dito, ele ou ela saía dali aliviado e tomava o rumo da cozinha, onde sempre havia entre duas e quatro mulheres a postos para servir uma xícara de café, uma tigela de sopa, um prato de carne com legumes. (Não me lembro de ninguém cozinhar. A comida aparecia pronta num passe de mágica, todos os dias.)

A cozinha era de longe o lugar mais interessante para se estar. Invariavelmente, duas das mulheres eram minha tia Sarah e a sra. Zimmerman. As duas mantinham relações nada amorosas com os respectivos maridos e consideravam o casamento uma provação. Ambas, porém, haviam sido silenciadas pelo tremendo desempenho de minha mãe. Fora o fato de que agora a insopitável sra. Zimmerman, mexendo sua própria panela de sopa no fogão, murmurava: "Ela está lá jogada, chorando feito uma doida. Se eu chegasse em casa e encontrasse meu marido morto, daria graças a Deus". Sarah ficava em silêncio, mas outra pessoa que estivesse na cozinha, outra tia, uma prima, uma amiga (por que, na minha memória, era sempre uma mulher de chapéu preto e véu de bolinhas?), repreendia a sra. Zimmerman. "Por favor", dizia essa pessoa. "*Ela* não é a *senhora*. E faça o favor de ter um pouco de respeito para com os mortos." A sra. Zimmerman ficava vermelha como um tomate e abria muito a boca, mas antes de emitir um som, Sarah apoiava a mão em seu braço e implorava para não haver cena. Em geral, eu estava sentada no banco de madeira junto à mesa, com frequência aninhada no oco do braço de Nettie. Interessada na discussão, eu lamentava a intervenção de Sarah. Nesses momentos a cabeça de Nettie se inclinava e eu sentia sua boca sorrindo no meu cabelo. Tão bom quanto se tivessem deixado a sra. Zimmerman falar. Dali a pouco, a mulher dizia alguma coisa. E outra resposta ácida cortava o ar.

Eu não sabia que nem toda mulher que perdia o marido reagia como mamãe, mas sabia que a conversa na cozinha era imensamente interessante. Uma dizia coisas cortantes, outra especulava, uma terceira assumia voz de comando. A conversa era áspera e viva, o aposento ganhava tônus e intensidade. Nettie, claro, quase não abria a boca, mas seu corpo, muitas vezes em contato direto com o meu, falava por ela, num discurso calado, irrequieto, divertido. Eu era incapaz de entender o que estava se passando na cozinha, mas a reatividade do grupo de mulheres me informava que aquela era uma questão viva. E como se empolgavam! Eu adorava aquilo. Sentia-me alimentada e protegida, encantada e aliviada. Lembro-me, em especial, do alívio.

Não havia delicadeza em parte alguma, nem na cozinha nem na sala; não havia elemento reconfortante ou suave que curasse seu mal ou que pelo menos amenizasse a dor de sua ferida. Ainda assim, a diferença entre a sala e a cozinha era a diferença entre a asfixia e a sobrevivência. A sala inteira era um horror monótono, paralisado e sem ar. Na cozinha era possível respirar fundo, segurar o ar até quase perder o fôlego, depois deixá-lo sair ou absorvê-lo. Na cozinha havia som e intensidade, a atmosfera esquentava e esfriava, minguava e ganhava força. Havia movimento e espaço, luz e ar. Dava para respirar. Dava para viver.

Nettie estava quase sempre por perto. Perto de mim, não de mamãe. Pairava junto à porta, no vestíbulo, sentava-se timidamente na cozinha, mas era raro que entrasse na sala. Todas aquelas senhoras judias respeitáveis: ela não ousava abrir caminho entre elas para se aproximar de mamãe. De vez em quando cruzava o umbral e ficava ali feito criança, torcendo as mãos atrás das costas. Era preciso que minha mãe a visse, estendesse o braço e gemesse "Nettie! Perdi meu amado!" para que Nettie se sentisse autorizada (isto é, obrigada) a correr até ela, cair de joelhos ao lado do sofá e romper em lágrimas.

Comigo, porém, ela não só se sentia autorizada como parceira e necessária. Sentava-se comigo no banco da cozinha com o braço em volta de meu pescoço num abraço frouxo, penteando meu cabelo com os dedos compridos. Nós duas sabíamos que ela não tinha nem o conhecimento nem a autoridade para aliviar minha angústia (Nettie não era sequer minha confidente, pois sempre tivera mais facilidade para falar comigo do que eu com ela), mas podia se transformar em outra órfã, enroscar-se afetuosamente comigo como fazia com Richie, oferecer-me o consolo de seu corpo quente e indefeso.

Outra coisa começou a acontecer durante aquelas horas que passamos juntas no banco da cozinha na semana do luto por papai. Quando as mulheres falavam de homens e de casamento, quando eu sentia o sorriso secreto de Nettie em meu cabelo ou ela segurando o riso contra minhas costas, era tomada por uma excitação perturbadora. Nettie sabia alguma coisa que ninguém mais naquela cozinha sabia, e eu sentia que queria me puxar para aquele seu conhecimento, queria que eu me reunisse a ela naquele lugar, que me tornasse uma amiga de verdade.

O convite estava presente no movimento do corpo dela ao encontro do meu, em sua liberdade e intimidade. Seus movimentos eram ritmados, seu abraço, tranquilizador. Nettie acariciava meu cabelo e meu ombro. Eu me sentia acolhida, tranquilizada. Encostava-me nela. Seu toque foi se tornando mais insistente. Eu me sentia sendo puxada. Para o quê, não sabia. Era como se Nettie estivesse na entrada de alguma coisa escura e macia, levando-me para lá, seu corpo dizendo: Venha. Não tenha medo. Vou estar a seu lado. Um borrão difuso se espalhava e se dissolvia em minha cabeça, em meu peito. Eu cochilava encostada nela: disposta, interessada, excitada.

De repente o terror me ardeu na pele. Senti que mergulhava de cabeça. O lugar macio e escuro era um vácuo negro. E ela? Quem era ela? Só uma menina-mulher secreta-sorridente, também uma criança grande. Quando trocávamos nossas fantasias, eu sempre me sentia mais velha. Se eu entrasse no escuro com ela, seríamos duas crianças naquele lugar, sozinhas e juntas. Como confiar nela? Nettie não era de confiança. Meu corpo se enrijeceu em seu abraço. Ela se sobressaltou, tão perdida no momento hipnótico quanto eu, desnorteada e alarmada com meu recuo repentino.

"Quero ver mamãe", falei.

Com a naturalidade de um gato, os olhos de Nettie ficaram opacos, seu pescoço se alongou, ela mudou a posição dos braços e das pernas. Eu estava livre para sair da mesa.

Na sala, deslizei para o chão ao lado de minha mãe, que imediatamente apertou minha cabeça nos seios. Seus braços vigorosos me acolheram, meu corpo se agitou com seus gemidos. Em questão de segundos o poder do fascínio sonolento de Nettie se dissolvera. Estremeci por dentro como se tivesse escapado por pouco. Minha ansiedade era um sentimento frio e viscoso. Deixei que mamãe me esmagasse contra seu peito quente. Não resisti. Meu lugar era com mamãe. Com ela a questão era clara: eu tinha dificuldade para respirar, mas não corria perigo.

Choveu mais cedo, e agora, à uma da tarde, durante um minuto e meio Nova York está impecavelmente limpa. As ruas rebrilham à luz suave do sol de primavera. Os carros irradiam uma felicidade livre de poeira. As vitrines das lojas cintilam descuidadas. Mesmo as pessoas parecem feitas outra vez.

Estamos descendo a Oitava Avenida, chegando ao Village. Na esquina com a Greenwich há uma hamburgueria White Tower, onde um grupo de sem-teto em residência permanente recebe visitantes forasteiros vindos da rua 14, da Chelsea ou até da Bowery. Esta tarde o grupo da esquina, sempre ruidoso, está definitivamente num estado de espírito melancólico, intocado pela renovação climática. Quando passamos diante das portas do restaurante, porém, um cavalheiro se afasta do grupo, dá dois ou três passos trôpegos e nos impede de prosseguir. Fica ali parado na nossa frente, oscilando. É negro e sua idade se situa em algum lugar entre vinte e cinco e sessenta anos. Tem cortes no rosto inchado e suas pálpebras estão quase fechadas. O cabelo é uma centena de trancinhas imundas; um pedaço de corda sustenta sua calça, os sapatos são dois números maiores e ele não usa meia. Seu peito, visível embaixo de um casaco encardido de tweed que se abre a cada movimento que ele faz, está despido. Essa criatura nos confronta, apresenta a mão com a palma para cima e pergunta:

"Senhoras, poderiam, por gentileza, me dar mil dólares para um martíni?"

Minha mãe olha diretamente para o rosto dele. "Sei que estamos passando por uma inflação", diz ela, "mas mil dólares para um martíni?"

Ele abre a boca, espantado. É a primeira vez em Deus sabe quanto tempo que alguém toma conhecimento de sua existência. "Você é linda", balbucia para ela. "Linda."

"Olhe para ele", ela me diz em iídiche. "Olhe só para ele."

O homem volta as pálpebras turvas na minha direção. "O que ela falou?", pergunta. "O que ela falou?"

"Falou que você está partindo o coração dela", digo a ele.

"Ela falou isso?" Seus olhos quase se abrem. "Ela falou isso?"

Confirmo com a cabeça. Ele se vira para ela. "Me leve para sua casa e faça amor comigo", o homem cantarola, e bem ali, no meio da rua, no meio do dia, começa a uivar para a lua. "Preciso de você", o homem gane para minha mãe e se dobra ao meio, apertando o estômago com a mão. "Preciso de você."

Ela confirma com a cabeça. "Eu também preciso", diz secamente. "Mas, por sorte ou por azar, não é de você que preciso." Então me impele para que dê a volta no sem-teto agora imóvel. Paralisado pelo reconhecimento, ele já não impedirá nosso avanço rua abaixo.

Atravessamos a Abingdon Square e seguimos pela Bleecker Street. O West Village repaginado se fecha em torno de nós, não exatamente nos pacificando, mas nos aquietando. Passamos por quarteirões e mais quarteirões de lojas de antiguidades, comércios gourmet e butiques sem dizer uma palavra. Mas quanto tempo minha mãe e eu conseguimos ficar sem falar?

"Então... Estou lendo a biografia que você me deu", ela diz. Olho para minha mãe, intrigada, depois me lembro. "Ah!" Sorrio, encantada. "Está gostando?"

"Ouça", começa ela. O sorriso despenca do meu rosto e meu estômago se contrai. Aquele "ouça" significa que ela vai passar a demolir o livro que dei para ela ler. Vai dizer: "O quê? O que tem ali? O que tem ali que eu ainda não sei? Eu *vivi* aquilo tudo. Sei aquelas coisas. O que esse escritor tem para me dizer que eu ainda não saiba? Nada. Para *você* o livro é interessante, mas para mim... Como aquelas coisas podem ser interessantes para mim?"

Ela vai falar, falar... do jeito que costuma falar quando acha que não entende alguma coisa, fica assustada e se refugia no escárnio e na crítica exagerada.

O livro que dei para ela ler é uma biografia de Josephine Herbst, uma escritora dos anos 1930, uma mulher teimosa, determinada e enfurecida que fala de política, amor e escrita distribuindo pancada para todo lado até o último minuto.

"Ouça", diz agora minha mãe no tom condescendente que acha que é conciliador. "Talvez isso seja interessante para você, mas para mim não é. Vivi aquelas coisas todas. Sei aquilo tudo. O que tenho para aprender ali? Nada. Para você é interessante. Para mim, não."

Invariavelmente, quando ela fala desse jeito, perco a razão, e antes que as frases parem de sair de sua boca já estou partindo para cima dela. "Você é uma *ignoramus*, não sabe nada, só uma pessoa que não sabe nada fala do jeito que você fala. O fato de ter vivido aquilo tudo, como você diz, significa apenas que está familiarizada com o cenário, o que enriquece a leitura, não que poderia ter escrito o livro. Pessoas mil vezes mais cultas que você leram esse livro e aprenderam com ele.

Só *você* não tem nada a aprender com ele?" E eu continuaria infinitamente, batendo na mesma tecla, estragando por completo a tarde para nós duas.

No entanto, neste último ano uma reação bizarra começou a prevalecer. Ainda acontece de eu perder a razão. Fico irritada, mas continuo calma. Não me enfureço, não faço um holocausto da tarde. Hoje, tudo indica que um desses momentos está chegando. Me viro para minha mãe, passo o braço esquerdo em torno de suas costas ainda firmes, apoio a mão direita em seu braço e digo: "Mãe, se esse livro não é interessante para você, tudo bem. Não há problema em me dizer isso". Ela olha timidamente para mim, de olhos muito abertos, a cabeça meio virada para o meu lado; *agora* está interessada. "Mas não diga que ele não tem nada a lhe ensinar. Que não há nada no livro. Isso é indigno de você, do livro e de mim. Você desmerece tudo isso quando diz uma coisa dessas." Ouça. Quanta sabedoria. E toda ela adquirida dez minutos atrás.

Silêncio. Longo silêncio. Andamos mais um quarteirão. Silêncio. Ela olha para longe, para a média distância. Deixo que conduza a caminhada, meço meus passos pelos dela. Não digo nada, não a pressiono. Mais um quarteirão em silêncio.

"Essa Josephine Herbst", diz minha mãe. "Ela encarou as dificuldades, não é mesmo?"

Aliviada e feliz, abraço-a. "Ela era outra que não sabia o que estava fazendo, mãe, mas é verdade, encarou mesmo as dificuldades."

"Estou enciumada", desabafa minha mãe. "Tenho ciúme porque ela viveu a vida dela. Eu não vivi a minha."

Mamãe foi trabalhar cinco semanas depois da morte de meu pai. Ele nos deixara dois mil dólares. Trabalhar ou deixar de trabalhar não estava em discussão. Mas é difícil imaginar o que teria acontecido se a necessidade econômica não a tivesse obrigado a sair de casa. Para mim, ela teria ficado deitada num sofá na penumbra durante vinte e cinco anos, com a mão sobre a testa, murmurando: "Não consigo". Mesmo conseguindo, como de fato conseguiu.

Entrou na sua cinta e no seu velho tailleur cinza, calçou seu salto alto preto reforçado, de camurça, passou pó de arroz e batom e tomou o metrô para ir a uma agência de empregos no centro, onde conseguiu um emprego de escriturária num escritório ganhando vinte e oito dólares por semana. A partir daí, todo dia ela se levantava, se vestia, tomava café, fazia uma lista de compras e a deixava para mim em cima da mesa da cozinha com o dinheiro separado, depois andava quatro quarteirões até a estação do metrô, comprava o *Times*, lia durante o trajeto, desembarcava na rua 42, entrava no edifício onde ficava o escritório, sentava-se à sua escrivaninha, cumpria sua jornada de trabalho, fazia o percurso de volta para casa às cinco da tarde, entrava no apartamento, despencava no banco da cozinha, jantava, depois ia para o sofá, onde instantaneamente caía numa depressão à qual dava as boas-vindas como se a depressão fosse um banho quente. Era como se tivesse trabalhado o dia inteiro para merecer o desespero que a esperava fielmente no fim de sua relutante jornada à vida cotidiana.

Nos fins de semana, evidentemente, era depressão em tempo integral.

Uma mortalha negra e muda pendia sobre o apartamento o domingo inteiro, o sábado inteiro. Mamãe não cozinhava, não limpava, não fazia compras. Não participava das conversas: a troca de banalidades que toma conta de um aposento em que há presença humana é uma declaração de interesse em estar vivo. Ela não ria, não reagia, não participava de nenhuma das conversas compulsivas da cozinha que envolviam o resto de nós: eu, minha tia Sarah, Nettie, meu irmão. Falava o mínimo indispensável, e sua voz era uniformemente rígida e infeliz, sempre empurrando o interlocutor de volta para o devido reconhecimento de seu "estado". Quando pegava o telefone, sua voz caía uma oitava ao dizer alô; se não fosse assim, não tinha como saber se a pessoa que estava telefonando ia calibrar adequadamente a natureza palpável de sua dor. Passou cinco anos sem ir a um cinema, a um concerto, a uma reunião pública. Só trabalhava e sofria.

A viuvez dotava minha mãe de uma forma mais elevada de existência. Quando ela se recusou a se recuperar da morte de meu pai, constatou que sua vida ficara imbuída de uma gravidade que todos os seus anos de cozinha lhe haviam negado. Ela cultivou total dedicação a essa gravidade durante trinta anos. Nunca se cansava dela, nunca ficava entediada ou impaciente em sua companhia, encontrava novas maneiras de manter vivo o interesse que ela merecia e que tão inquestionavelmente recebera.

Chorar por papai passou a ser sua profissão, sua identidade, sua persona. Anos depois, ao refletir sobre a parcela política no interior da qual havíamos todos vivido (o marxismo e o Partido Comunista), e ao dar-me conta de que as pessoas que trabalhavam como bombeiros, padeiros ou operadores de máquinas de costura haviam se percebido como pensadores, poetas e eruditos pelo fato de serem membros do Partido Comunista, entendi que mamãe tinha assumido sua viuvez de forma bastante semelhante. Sua viuvez a elevava a seus próprios olhos, tornava-a uma pessoa espiritualmente relevante, emprestava riqueza a seu pesar e retórica à sua fala. A morte de papai se transformou numa religião que oferecia cerimônia e doutrina. Mulher-que-perdeu-o-amor-de-sua-vida passou a ser sua ortodoxia: a ela, prestava uma atenção talmúdica.

Em vida, papai nunca havia sido tão real para mim quanto na morte. Sempre uma figura levemente indistinta, benigna e sorridente, ali em pé atrás das encenações de mamãe acerca da vida conjugal, ele se tornou e permaneceu o que eu percebia como o instrumento necessário para a desolação permanente dela. Era quase como se mamãe tivesse vivido com papai para poder chegar àquele momento. Sua agonia era tão devastadora que parecia existir por decreto. Para mim, ela sem dúvida reordenava o mundo.

O ar que eu respirava estava impregnado de desespero, o que o tornava denso e intoxicante, perigoso e arrebatador. A dor da minha mãe passou a ser meu elemento, o país no qual eu vivia, a regra perante a qual eu me inclinava. Ela me comandava, me forçava a reagir contra minha vontade. Eu desejava infinitamente afastar-me dela, mas não era capaz de sair do aposento quando ela estivesse ali. Tinha pânico de sua volta do trabalho, mas nunca deixava de estar lá quando ela chegava em casa. Na sua presença, a ansiedade enchia meus pulmões (eu sofria de constrições no tórax e às vezes sentia um anel de metal engastado no crânio), mas me trancava no banheiro e chorava baldes de lágrimas em nome dela. Às sextas-feiras me preparava para dois sólidos dias de choradeira, suspiros e a misteriosa reprovação que a depressão dissemina no ar como o jato contínuo de gás quando a chama piloto está apagada. Acordava culpada e ia para a cama culpada, e nos dias de semana a culpa se acumulava para formar uma ligeira infecção.

Minha mãe me fez dormir com ela durante um ano, e a partir daí, durante vinte anos, não tolerei que a mão de uma mulher me tocasse. Receosa de dormir sozinha, ela passava um braço por cima da minha barriga, me puxava para ela e manuseava meu corpo nervosamente, sem prestar muita atenção. Eu me esquivava de seu toque, mas ela nunca percebeu. Eu queria me aproximar da parede e não conseguia, estava sempre sendo puxada de volta. Meu corpo se transformou numa coluna de rigidez dolorida. Devo ter ficado excitada. Sem dúvida, senti repulsa.

Durante dois anos ela me arrastou para o cemitério a cada dois ou três domingos pela manhã. O cemitério era no Queens. Isso significava tomar três ônibus e viajar durante uma hora e quinze minutos na ida e outro tanto na volta. Quando a gente embarcava no terceiro ônibus, ela começava a chorar. Sem saber o que fazer, eu a abraçava. Seus lamentos iam ganhando volume. Transida de constrangimento, eu sentia meu braço enrijecer em torno do ombro dela e fitava o chão de borracha preta. O ônibus chegava ao fim da linha no exato momento em que ela atingia o ápice da convulsão.

"Precisamos descer, mãe", eu implorava num sussurro.

Relutante, ela se compunha (detestava perder o embalo depois de começar seus lamentos) e descia devagar do ônibus. Assim que passávamos pelos portões do cemitério, porém, ela assumia o comando de sua própria causa. Agarrava meu braço e me empurrava por entre quilômetros de lápides (aparentemente nenhuma de nós conseguia se lembrar da localização exata do túmulo), tropeçando como uma bêbada, trocando de direção de repente, gritando em tom agudo: "Onde está o papai? Me ajude a encontrar o papai! Perderam o papai. Amado! Já estou chegando. Espere, espere um pouco, estou chegando!". Encontrávamos a sepultura e ela se jogava por cima dela, por fim havia chegado, numa tempestade de descarga climática. Ao voltar para casa era uma boneca de trapos. E eu? Trouxa e frouxa, simplesmente grata por ter sobrevivido ao terror das horas anteriores.

Uma noite, quando eu estava com quinze anos, sonhei que o apartamento inteiro estava vazio, sem móvel nenhum e impecavelmente caiado de branco, com os aposentos cintilando com o sol e a brancura das paredes. Havia uma corda comprida estendida ao longo do apartamento, passando por todas as peças à altura da cintura. Fui seguindo a corda desde meu quarto até a porta da frente, junto à qual estava meu pai morto, o rosto cinzento, cercado de névoa e trevas, com a corda amarrada em torno da metade do corpo. Agarrei a corda e comecei a puxar, mas por mais que me esforçasse não conseguia forçá-lo a ultrapassar o limiar da porta. De repente minha mãe apareceu, cobriu minhas mãos com as dela e começou a puxar junto comigo. Tentei afastá-la, irritada com sua interferência, mas ela não desistia — e eu queria tanto puxar meu pai para dentro sozinha. "Está bem, ela pode até ficar com ele, se a gente conseguir trazê-lo para dentro."

Passei anos convencida de que o sonho não tinha necessidade de interpretação, mas hoje acho que queria fazer meu pai cruzar o limiar da porta não por culpa e competição sexual, mas para me livrar de mamãe. Minha pele estava impregnada dela. Ela estava por toda parte, recobria-me inteira, por dentro e por fora. Sua influência estava aderida, como uma membrana, a minhas narinas, minhas pálpebras, minha boca aberta. Eu a sugava para dentro de mim toda vez que inalava. Afogava-me em sua atmosfera sedante, não conseguia fugir do caráter intenso e claustrofóbico da sua presença, do seu ser, da mulher sufocante e sofredora.

Estava completamente enganada.

Uma tarde, no ano do sonho, eu estava sentada com Nettie. Ela fazendo renda e eu tomando chá. Nettie começou a divagar em voz alta. "Acho que este ano você vai conhecer um menino muito bacana", disse. "Alguém mais velho do que você. Quase terminando a faculdade. Pronto para conseguir um bom emprego. Ele vai se apaixonar e em pouco tempo vocês estarão casados."

"Isso é ridículo", eu disse, com rispidez.

Nettie deixou que suas mãos, ainda segurando a renda, tombassem em seu colo. "Você fala igualzinho à sua mãe", disse delicadamente.

* * *

Isso é ridículo. Às vezes tenho a sensação de que nasci dizendo "Isso é ridículo". Essas palavras saem da minha boca com a facilidade de um bom-dia-boa-tarde-tenha-um-bom-dia-se-cuide. É minha reação mais automática. A enormidade de observações que permitem que "Isso é ridículo" vá de meu cérebro até minha língua é impressionante.

"O adultério permite que o casamento moderno funcione", diz alguém.

"Isso é ridículo", digo eu.

"Edgar Allan Poe é o escritor menos reconhecido da literatura norte-americana", diz alguém.

"Isso é ridículo", digo eu.

"A prática do esporte influencia nos valores das pessoas."

"Isso é ridículo."

"O cinema influencia nas fantasias das pessoas."

"Isso é ridículo."

"Se eu pudesse tirar um ano de férias do trabalho, minha vida mudaria."

"Isso é ridículo."

"Você sabia que a maioria das mulheres se nega a abandonar os maridos que as espancam?"

"Isso é ridículo."

Há três anos encontrei Dorothy Levinson na rua. Nos abraçamos inúmeras vezes e trocamos muitos beijos. Ela ficou ali parada, repetindo meu nome. Depois sorriu e perguntou: "Você ainda diz 'Isso é ridículo'?". Olhei para ela espantada. Ela não me via desde que eu tinha treze anos. Senti meu rosto corar. Ainda digo, concordei. Ela jogou a cabeça para trás e quase teve uma síncope de tanto rir. Na hora me convidou para jantar com ela e o marido naquela noite num restaurante. Que noite, aquela.

Dorothy Levinson. Bonita de fazer o coração perder o prumo. E agora ali estava ela, aos cinquenta anos, esguia, adorável, cheia de arguto humor judeu e olhos enrugados, cheios de afeto, com um rosto incrivelmente semelhante ao da mãe na mesma idade: amável e caloroso, levemente intrigado, levemente triste.

Os Levinson. Eu amava todos eles — Dorothy, os quatro meninos, os pais malucos —, mas quem mais amava era Davey, o menino mais novo, quando nós dois estávamos com doze anos. Como eu sofrera por ele não me amar nem um pouco. Eu o via ainda hoje, magro e atlético, com uma cabeleira de cachos pretos lustrosos e olhos pretos brilhantes (todas as meninas gostavam dele), e via a mim mesma, gordinha, emburrada, metida. A coisa toda fora um caso perdido desde o início.

Os Levinson eram nossos parceiros de verão. Entre meu décimo e meu décimo terceiro verão, alugamos bangalôs — os "bangalôs do Ben" — nas montanhas Catskill. Dois contingentes dominavam a colônia de bangalôs: pessoas como nós, do Bronx, e pessoas como os Levinson, do Lower East Side. Ou, como dizia minha mãe, "os politicamente esclarecidos e os gângsteres judeus".

Nas montanhas, os gângsteres judeus batiam os politicamente esclarecidos em todos os aspectos. Aprendiam depressa onde passar bons momentos no campo e os buscavam com a mesma determinação com que iam para a Grand Street atrás de movimento. Nadavam no lago até mais longe do que nós, andavam mais pelos campos à procura de frutas silvestres, faziam caminhadas até lugares mais recônditos da floresta. Dançavam sob tempestades de raios, dormiam ao ar livre na encosta da montanha nas noites quentes, insistiam em perder a virgindade fosse onde fosse e em fazer todos os outros perderem também.

Os mais morenos e impetuosos deles eram os Levinson — de Sonny, o filho mais velho, passando por Dorothy, a única menina, até meu adorado Davey. Eram tão bonitos que ficava difícil olhar diretamente para eles. Em dois verões consecutivos alugamos um bangalô duplo com os Levinson, e eu ficava passada ouvindo como eles batiam a porta de tela que ficava na mesma moldura fina da nossa, entrando ou saindo o dia inteiro. Lembro-me daqueles verões como lampejos de sedosos cachos negros voando soltos ao sol do meio-dia, ou olhadelas rápidas e intensas lançadas por algum par de olhos negros repletos de riso provocado por alguma maquinação. Não importava o que eles fizessem, era sempre a melhor coisa a fazer. Não importava aonde fossem, era o melhor lugar para ir. Eu queria muito ser convidada a entrar para a turma, mas nunca fora convidada. Ficava para trás no bangalô com minha mãe ou ia ler no gramado ali perto, enquanto eles corriam e mergulhavam num frenesi de doce ar de verão para capturar sapos e salamandras, explorar casas abandonadas, mergulhar repetidamente no lago, sentir o sol queimar a pele morena exposta até muito depois de eu ser chamada para a cabana para jantar.

Dorothy, o marido e eu fomos a um restaurante no Village e a conversa mergulhou de cabeça no passado. O marido de Dorothy, contador, sabia que não tinha a menor chance e se acomodou de boa vontade no papel de público. Dorothy e eu, encantadas com toda raspinha de lembrança — a Grand Street, o Bronx, os bangalôs do Ben —, falávamos ao mesmo tempo e morríamos de rir de tudo e de nada.

Dorothy perguntava o tempo todo se eu lembrava. Você se lembra da casa abandonada na floresta? Você se lembra de quando a gente ia colher frutinhas no alto das montanhas, longe dos bangalôs? E das bundas esfoladas de deitar nos espinhos para ficar aos agarros? Você se lembra da simpatia e da vulgaridade das mulheres reunidas na varanda nas noites de domingo? As lembranças de Dorothy eram ricamente detalhadas, as minhas eram esquemáticas. Não só pelo fato de ela ser oito anos mais velha que eu. Ela era uma Levinson. Vivera aquilo tudo com mais intensidade que eu.

Enquanto isso, eu só perguntava: Como está o Sonny? Como estão o Larry e o Miltie? E seu pai, como vai? (Não perguntei pela sra. Levinson porque ela havia falecido, e não perguntei pelo Davey, hoje rabino em Jerusalém, porque não queria saber.)

"O Sonny?", disse Dorothy. "A gente só analisa. Analisa, analisa. Quando o Sonny estava no Exército, mamãe ficou doente. Papai havia abandonado mamãe. Sonny voltou para casa. Se ajoelhou ao lado da cama dela e disse: 'Vou tomar conta de você, mãe'. Ela disse: 'Quero o Jake'. Sonny saiu do apartamento. Mais tarde, disse: 'Quando percebi que ela amava mais ele do que eu, falei para mim mesmo: Ela que se foda'. Mas ele nunca se recuperou. Tem uma mulher legal, bons filhos, mora perto da minha casa. Você sabe que todos nós ainda vivemos no centro, não sabe? Com certeza sabe. De modo que agora o Sonny entra lá em casa, vê algum amigo sentado no sofá da sala, dá uma avaliada na situação, faz um gesto com a cabeça na direção do quarto, me diz: Preciso falar com você; o amigo cai na risada. Mas a situação é essa. Na verdade, a gente não partilha muita coisa. Ele entra, é analisado, volta para casa. O Larry? Está pesando cento e dez quilos. Tem namorada, mas ainda mora no velho apartamento da Essex Street. Ela que não fique imaginando que ele está se envolvendo, afinal os dois só estão juntos há seis anos. O Davey! Você não quer saber como está o Davey? Ele está ótimo! Quem diria que meu irmãozinho caçula ia virar espiritualista? Pois virou. Ele é *espiritualista*."

Quase falei "Isso é ridículo", mas me segurei bem a tempo. Mesmo assim, não podia deixar aquela passar em branco. Silenciosa durante todo o relatório sobre Sonny e Larry, ali achei que precisava dizer alguma coisa. "Ah, Dorothy", falei com a maior gentileza, "o Davey não é espiritualista."

Os olhos de Dorothy se voltaram para a mesa, suas sobrancelhas se aproximaram. Quando ela os ergueu novamente, estavam muito brilhantes e em sua boca se delineava um sorriso indeciso.

"O que está querendo dizer?", perguntou.

"Se o Davey tivesse saído da Essex Street aos dezoito anos, não seria um espiritualista hoje", afirmei. "Ele está em busca de uma forma de arrumar a vida e não tem equipamento para fazer isso. Por isso virou religioso. O fato de ser rabino em Jerusalém mostra a que ponto ele está perdido, e não que se encontrou."

Dorothy balançou a cabeça, concordando, uma e outra vez. Quando falou, sua voz estava excepcionalmente contida. "Suponho que essa seja uma maneira de ver as coisas", disse. Eu ri e dei de ombros. Deixamos o assunto de lado.

E fomos em frente, rememorando repetidamente as histórias da colônia de bangalôs. Quem mais falava era Dorothy. Com o correr das horas, passou a ser a única a falar. Falava cada vez mais depressa, as frases se atropelando, uma depois da outra. Um mosaico de memórias emocionais começou a se delinear: como ela me via, como via minha mãe, como via minha mãe em relação à mãe dela. Comecei a me sentir constrangida. Dorothy se lembrava de tudo com tanta nitidez. Prestara tanta atenção em nós. Especialmente em minha mãe.

Ela ria gostosamente enquanto falava, um riso forte, sacudido. De repente virou o rosto para mim e disse: "Para você aquilo lá nunca foi tão divertido quanto era para nós. Sempre tão crítica. Para uma criança tão pequena, você era incrível. É como se soubesse que era mais inteligente que todos ali e estava sempre percebendo que tudo era tolo, sem sentido ou ridículo, sua palavra favorita. Sua mãe também, era tão melhor do que todos ali. E era, era. Seu pai a adorava. Ela costumava andar ao lado dele, o braço dele em torno dela, ela abraçada nele, Deus, como ela o abraçava, abraçava com tudo, se prendia a ele como se fosse um bote salva-vidas, e sempre olhando em volta para se certificar de que todos estavam vendo como ela era feliz com aquele marido que parecia um amante. Era como se quisesse fazer inveja a todas as mulheres presentes. E *minha* mãe? Meu pai só apareceu por lá uma vez em todo o verão. Ela costumava se lamentar, citando sua mãe: 'Olhem como ele é bom com ela e olhem como o Jake me trata. Ela tem tudo, eu não tenho nada'".

Dorothy riu de novo, como se tivesse medo de falar sem rir. "Minha mãe era gentil", disse. "Tinha um coração amável. Sua mãe? Era *organizada*. Minha mãe fazia serão quando os filhos estavam doentes, e faria a mesma coisa por você. Sua mãe entrava na cozinha marchando como um sargento e dizia para minha mãe: 'Levinson, pare de chorar, vá pôr um sutiã, se ajeite'."

Mais risos, agora com um sabor acre. Dorothy estava se esforçando para parar, para largar mão da minha mãe e da mãe dela. Abruptamente, recuou nas memórias para uma época anterior à minha e começou a nos contar sobre a prática mística judaica que circulava no circuito da colônia de bangalôs quando ela estava com oito ou dez anos. "Todas as mulheres se sentavam em torno de um círculo no escuro", disse, "com uma vela sobre a mesa. A médium fechava os olhos, estremecia, depois falava: '*Habe sich, tischele*'. Levante-se, mesinha." ("E ela levantava?" "Claro!") "As mulheres começavam a tremer e a desmaiar. 'É você, Moishe? *Ói gevalt!* É o Moishe!' Mais gritos, mais desmaios."

Dorothy me dirigiu um olhar intenso e disse: "Sua mãe teria entrado na sala, acendido a luz e dito: 'Que maluquice é essa?'". O marido dela e eu olhávamos para ela boquiabertos. Antes que ele conseguisse interrompê-la, Dorothy se inclinou para mim e lançou: "Ela nunca amou você. Ela nunca amou ninguém".

Na manhã seguinte me dei conta de que, embora eu não tivesse dito "Isso é ridículo" antes de falar do Davey, mesmo assim Dorothy ouvira as palavras. A mãe que havia nela ouvira a mãe que havia em mim.

Hoje vi o homem de novo. Dessa vez haviam se passado cinco anos. Minha mãe e eu íamos pela Broadway tentando encontrar uma sapataria famosa por seus calçados para caminhada. Estávamos chegando à rua 83 quando ele virou a esquina. Sem querer, vacilei. "O que foi?", perguntou minha mãe. "Nada", respondi. Mas os olhos dela haviam seguido os meus, e minha mãe viu que eu estava atenta ao rosto de um homem que não tinha nada de diferente do rosto de outros cinquenta homens com aspecto de morador de rua que veríamos durante uma caminhada de vinte minutos pela Broadway.

"Quem é esse?", ela insistiu. "Você conhece aquele homem?"

"Você se lembra do homem na porta, anos atrás? Aquele que eu encontro de vez em quando?"

"Lembro, claro. É esse?"

Confirmei com a cabeça.

Ela voltou seu olhar urbano e atrevido direto para ele.

Foi há doze anos. Eu morava na Primeira Avenida, na altura da rua 20, num dois-quartos todo pintado de branco, inundado de luz leste, com uma árvore do lado de fora que no verão preenchia a janela com folhas e passarinhos. Do outro lado da Stuyvesant Town Avenue ficava um dos mais antigos projetos habitacionais da cidade para moradores de renda média. Do meu lado da avenida havia prédios de irlandeses e italianos nos quais as pessoas tinham nascido, crescido, casado e criado suas próprias famílias no mesmo apartamento. Nós todos formávamos uma coisa só, reunidos pela agitação reluzente e pelo barulho da Primeira Avenida. Quando me visitou pela primeira vez, minha tia Sarah se debruçou na janela, aspirou fundo em meio aos vapores e disse: "É disso que eu gosto. Agitação, agitação!". Exatamente o que eu sentia. Tinha o maior amor pela Primeira Avenida. Amava-a e me sentia segura nela. As pessoas passavam o dia todo sentadas à janela olhando os vizinhos. Os comerciantes registravam qualquer rosto desconhecido ou familiar que passasse na frente de suas lojas. A equação era simples: perdendo o anonimato, você ganhava proteção.

Numa manhã de sábado, em junho, corri até o supermercado que ficava a uma quadra de distância para comprar leite. A avenida cintilava ao sol matinal. O ar estava doce, ameno, polinizado. Ao voltar do mercado sofri uma crise alérgica. Espirrava tanto que não conseguia me mexer: fiquei parada na rua, indefesa, tentando enfrentar o ataque vertiginoso que tomara conta do meu corpo. Quando o acesso ia chegando ao fim e dava para sentir que só faltava um espirro, minha cabeça se ergueu na expectativa do desafogo. Nesse momento, meus olhos encontraram os olhos de um homem que vinha na minha direção em meio aos transeuntes matutinos: era magro, de um moreno mediterrâneo, com quarenta e poucos anos, camisa branca e calça preta, nas mãos um saco de papel pardo com algum alimento. Um garçom a caminho do trabalho, pensei. Enquanto dava o derradeiro espirro, meu pescoço e meus ombros se ergueram por reflexo e eu ri, na frente dele. Era evidente que estava rindo de mim mesma. Não havia outra interpretação remotamente possível para minha atitude. O homem nem sequer sorriu de volta. Seus olhos me fitaram por um segundo e se afastaram. Ele foi em frente. Eu fui em frente.

Atravessei a rua e virei ao chegar à porta de meu predinho. Quando estava prestes a inserir a chave na porta do vestíbulo, senti uma mão sobre meu ombro. Me virei. O homem de camisa branca e calça preta estava ali em pé, me impedindo de entrar. Sua boca estava torcida para um lado, os lábios brancos com a tensão. Seu pescoço pulsava. "Cansada de viver?", ele me disse.

Ai, meu Deus, pensei.

"Como assim?", perguntei amavelmente.

"Você estava rindo ali atrás. Cansada de viver, não é mesmo?"

"Ah, você entendeu *errado*", ronronei sem pudor. "Eu estava rindo de mim mesma. Tive um ataque de espirro. Ri porque estava espirrando tanto que não conseguia me mexer. Não estava rindo de você. Você achou que eu estava rindo de *você*? De jeito nenhum!"

Ele não escutou nada do que eu disse. Seu rosto permaneceu fechado, um adversário. No máximo, os indicadores de raiva se acentuaram. Ele olhou para as chaves em minha mão. "Você mora aqui?", perguntou. Sua mão se moveu para cima. "Vamos lá", disse. "Vamos subir."

"Não", balbuciei. "Eu não moro aqui. Estou só de visita."

"Vamos subir", ele disse. "Vamos, para cima."

"Eu não moro aqui. Não podemos subir."

Num gesto vigoroso decorrente do terror, apoiei a mão aberta no peito dele e o empurrei. Ele perdeu o equilíbrio e caiu de costas na rua. Esquivei-me dele, misturei-me aos passantes e corri. Corri até o fim do quarteirão, depois corri o quarteirão seguinte inteiro e entrei no supermercado. Fiquei ali, logo ao lado dos caixas, ofegante. Não sabia o que fazer, para onde ir, com quem falar. Sem aviso, o que era familiar se transformara em pesadelo.

Circulei pelo supermercado durante meia hora, depois investi, andando depressa, de cabeça baixa, afastando-me de meu prédio, de alguma forma já sem o leite. Horas depois, exausta, voltei para a Primeira Avenida e embarafustei prédio adentro sem ser incomodada. Não saí de casa no restante daquele dia nem naquela noite.

Três anos depois vi o homem da camisa branca e da calça preta na rua 14 leste. Foi no fim do outono. Ele vestia uma jaqueta fina de couro e carregava um pacote de papel pardo apertado contra o peito. Recuei depressa para dentro de uma entrada de edifício, saindo de seu campo de visão. Seu aspecto era idêntico ao de três anos antes, mas quando ele se aproximou vi que cambaleava ao andar e que seus olhos pareciam terrivelmente ansiosos.

Quatro anos depois, vi-o novamente na rua 8 oeste. Agora o cabelo estava bastante grisalho, a pele amarelada, o queixo coberto por uma barba branca de vários dias. Quando ele chegou à altura da entrada do edifício onde eu havia me enfiado ao vê-lo, saí, bem na frente dele. Ele olhou para mim, através de mim. Seu olhar, como eu imaginara, estava fixo, como se não visse nada.

Agora, cinco anos depois, aqui estava ele na Broadway, cabelo cinza-chumbo, olhar desequilibrado, passo trôpego, mãos abanando no ar. Sua roupa era visivelmente doação do abrigo para mendigos, e o aspecto de seu rosto era tão doentio que você sentia um impulso de levá-lo para algum hospital e deixá-lo lá por um mês antes mesmo de começar a discutir a situação.

Minha mãe me lançou um olhar curioso. "Por que sentir tanto medo *dele*?", perguntou. Você poderia derrubar o homem com uma mão só."

"Mãe, ele não estava assim há doze anos. Pode acreditar."

Ela continuou olhando enquanto ele se afastava aos tropeções Broadway abaixo, chocando-se com os passantes à direita e à esquerda.

"Vocês estão envelhecendo juntos", disse ela. "Você e o que lhe dá medo."

Estou com catorze anos de idade. É uma tarde de fim da primavera. Empurro a porta do apartamento de Nettie e entro. A cozinha está mergulhada numa espécie de névoa roxa, suave, compacta, intensa. A sala está deserta: banhada naquela adorável meia-luz, mas deserta. Estaco. A porta não estava trancada, tem de haver alguém em casa. Avanço até o quarto do fundo. Paro no limiar da porta. A luz, aqui, é ainda mais fraca. Meus olhos se adaptam e vejo Nettie e o padre estendidos na cama coberta com a colcha de caxemira. Ela está nua, ele vestido. Ele jaz de costas. Ela está parcialmente por cima dele. O corpo dele está rígido, o dela se derrama. Posso ver seu sorriso na semiescuridão. Ela se move por cima dele como um gato, e como um gato mantém um olhar atento mesmo quando ronrona. Arqueia o dorso e se ergue, apenas para cair novamente na direção dele. Seu seio pousa na mão inerte dele. Meu corpo inteiro vibra como se eu tivesse tomado um choque elétrico. Posso sentir os dois. Dentro de mim. Sinto-a e o sinto também. Sou o seio, sou a mão. Sou o prazer que ela sente, sou a dor que ele sente. Sou percorrida por um arrepio. O arrepio se transforma em tremor, o tremor em estremecimento. O estremecimento me põe em contato brusco com algo que está ali perto. Olho para baixo. Ali, ao meu lado, vejo Richie, com cinco anos de idade, amarrado a uma cadeira, contemplando a cena da cama. Recuo, avançando de costas para a porta da frente.

Na manhã seguinte, Nettie está sentada junto à mesa de sua cozinha trajando um vestido florido de todo dia, cerzindo uma saia, rosto inclinado, sorrindo para si mesma. Ergue o rosto para me olhar, os olhos verdes falsamente inocentes. "Você esteve aqui ontem à noite?", ela pergunta. Para ela, nesta manhã, somos todos inimigos vencidos. Calmamente, penso: Ela odeia os homens.

Quando foi que começou? Quando ela passou a vagar pelas ruas? Ou a sentar-se no parque dos barcos? Quando trouxe o padre para casa pela primeira vez? Ou algum homem encontrado no parque? Quando o dono da loja de frangos que lembrava Ióssif Stálin apareceu na porta do apartamento dela logo cedo? Quando Whitey, o único delinquente sério do quarteirão, foi a seu apartamento pela primeira vez? Um ano depois da morte de Rick, segundo mamãe. "Durante um ano ela se comportou", mamãe costumava dizer. "Depois fez a festa."

Quando foi que eu comecei a perceber o que estava se passando? E o que pensei a respeito? Quando foi que *fiquei sabendo* alguma coisa sobre ela, num mundo no qual os homens significavam sexo, mas, quanto às mulheres, nosso papel não era simplesmente sair da frente quando víamos a coisa chegando?

Marylin Kerner e eu começamos a pedalar no Bronx Park certo dia no fim de maio, depois da escola. Foi o que fizemos diariamente do começo da primavera até o fim do outono. Entrávamos no parque a dois quarteirões de distância de nossa casa, perto da entrada do zoológico, e começávamos a pedalar. Às vezes enérgica e velozmente até a Bronx Park East Avenue, a uma boa hora de distância de casa. Outras vezes pedalávamos até lugares especiais, algum conjunto específico de rochas e arbustos do qual tivéssemos nos apropriado. E outras vezes ainda nos limitávamos a circular sem rumo definido no interior do parque, conversando, mais interessadas na conversa que no passeio, mas mantendo o corpo num movimento reconfortante. Com as bicicletas sob nós, nos sentíamos livres e ousadas: exploradoras inteligentes num país estrangeiro. A rua, eu sabia, era minha — a rua era intercâmbio humano, percepção do outro, na rua eu me garantia —, mas e o parque? As pinturas de Henri Rousseau me relembram o modo como eu me sentia em relação ao parque. Era só vislumbrar o selvagem e o primevo num recorte paisagístico de mundo cuidadosamente recriado de modo a assemelhar-se à selva original, e lá estava eu, colada nele, uma menina judia sobre uma bicicleta, incapaz de se perceber de outra forma que não falando.

Mesmo assim, pedalávamos energicamente naquelas tardes de primavera, o vento e a agitação que criávamos, análogos aos que começavam a se formar dentro de nós, a luz e a velocidade se irradiando, o passeio era uma extraordinária correria, deliciosa e atemorizante, uma descarga de sensação sobressaltada.

Do outro lado da avenida que saía do zoológico, o rio Bronx fora represado e um laguinho e uma pequena cascata haviam sido criados. No lago havia barcos, alugados por hora em um hangar construído na ponta mais próxima da cascatinha. O hangar tinha uma decoração alegre e estava situado à beira do lago, num pátio circular de concreto construído pelo Departamento de Parques, com bancos sobre bases posicionadas em semicírculo no contorno do pátio. Toda primavera esses bancos eram pintados de verde vivo. Visto do banco, em determinados ângulos, o lago dava a sensação de prosseguir para sempre. Eu já estivera uma centena de vezes naquele lago, conhecia cada curva de seu contorno, sabia exatamente a que ponto ele estava confinado, e mesmo assim toda vez que me sentava nos bancos fantasiava olhando a água e imaginava que logo depois da curva, fora da vista, o lago de repente se alargava para formar um canal misterioso que dava acesso a um lugar que eu nunca havia visto. Achava que todas as pessoas que se sentavam nos bancos olhando para a água tinham pensamentos semelhantes, que os bancos estavam lotados de sonhadores, que as pessoas iam até ali para sonhar.

Os bancos eram o ponto-final de um dos trajetos que Marilyn e eu fazíamos de bicicleta. Tratava-se de um percurso breve, mas tão complicado que para nós parecia uma longa jornada de um dia inteiro, e nas tardes curtas era o passeio que preferíamos para não ficar com a sensação de termos sido lesadas quanto ao tempo passado na bicicleta. O passeio consistia em seguir uma trilha que começava no ponto mais afastado da cascatinha e subia por um trecho pedregoso de terreno bastante elevado sobre o rio, fazendo curvas e passando por um matagal denso e enredado, dando a volta e cruzando o bosque, cortando por uma elevação de rocha negra, plana e sinuosa no topo, depois fazendo uma curva em velocidade e descendo novamente para o lago, avançando em desabalada carreira para a casa dos barcos por um trecho de várzea aberta elevada e de relva alta, o mundo todo por baixo de um céu vazio, o vento nos pulmões, uma vibração da qual não havia recuperação possível, freando com força exatamente como se estivéssemos a ponto de entrar no pátio de concreto para nos estatelar. Júbilo. O trajeto inteiro, puro júbilo.

Naquela tarde de maio, Marilyn e eu descemos pela várzea pedalando, e no exato momento em que íamos frear vi Nettie sentada num banco situado na plataforma mais baixa, a que ficava mais próxima da água. Não longe dela estava sentado um homem que eu nunca tinha visto. Os dois davam a impressão de se conhecer e, ao mesmo tempo, de não se conhecer. O homem estava sentado com os braços estendidos sobre o encosto do banco, as pernas esticadas diante dele. Na cabeça tinha um chapéu marrom de feltro inclinado para a frente e na boca um palito de dentes. Seu rosto não estava virado direto para Nettie, só parcialmente. Nettie também parecia estar sentada de um jeito esquisito. A metade superior de seu corpo se voltava para o lago, mas a metade inferior estava torcida na direção do homem, com o longo tronco de Nettie parecendo ainda mais longo por causa da posição. Ela trajava um vestidinho fino de verão, embora já estivéssemos na metade da primavera. O cabelo ruivo tombava desordenado sobre seus ombros. Tinha as pernas à mostra e nos pés um par de sapatos de salto. Balançava uma das pernas para trás e para a frente, com o sapato se afastando do calcanhar toda vez que a perna subia. Mesmo antes de a bicicleta parar, eu já sabia que aqueles dois, sentados daquele jeito, parcialmente virados um para o outro, mas sem se encarar, estavam dizendo alguma coisa. A posição deles era uma espécie de declaração. Não consegui decifrar a mensagem, mas ela colidiu violentamente com a luz em meus olhos, a alegria em meu peito, a eletricidade em meus braços e pernas.

Marylin também viu Nettie e o cara. Sem combinar, paramos nossas bicicletas longe o suficiente dos bancos para que ela não pudesse nos ver, e nos debruçamos sobre o guidom. Durante algum tempo, nenhuma das duas abriu a boca, ficamos só olhando.

"Ela está caçando ele", disse Marilyn em voz baixa.

"Como assim?", perguntei.

"Ela não conhece o homem, está caçando ele."

"Como você sabe?"

"Você não percebe? Pelo modo como estão sentados? Além disso, é o que as pessoas fazem aqui."

"Você está brincando. Como sabe disso?"

"*Todo* mundo sabe."

"Tem *certeza*?"

"Tenho."

Então as pessoas sentadas naqueles bancos no fim do dia, na primavera e no verão, não ficavam sonhando com canais inesperados de água logo adiante, onde a vista não alcança; o que as interessava era a aventura humana acontecendo bem ali, no banco, ao lado delas. Olhei para Marilyn, mas acreditei no que ela dizia. Ela entendia mais que eu daquele tipo de coisa.

Onde estaria Richie naquela tarde? Pensei muito a respeito, depois. De acordo com mamãe, na verdade Richie ficava com Nettie quase o tempo todo, pois lhe fornecia valor agregado e legitimidade. Isso sem mencionar que ela não tinha onde deixá-lo ou alguém a quem confiá-lo. Fiquei pensando: como mamãe sabia aquelas coisas, já que Nettie nunca discutia seus programas com nenhuma de nós duas. Deduzimos a atividade a partir da consequência. Víamos homens entrando e saindo do apartamento. Alguns vinham uma vez só, depois nunca mais; outros apareciam duas ou três vezes; outros ainda vinham durante semanas ou meses. Tenho a impressão de que ela não recebia dinheiro deles. Talvez permitisse que lhe dessem coisas (um casaco de inverno, uma sacola de compras na mercearia, uma viagem até o litoral), mas o que ela queria não era dinheiro.

Nettie os levava para casa de lugares variados: caminhadas pela vizinhança, viagens de metrô. O padre vinha do centro. Depois de seu casamento com Rick, tomara a decisão de nunca mais entrar numa igreja, e estava educando Richie no conhecimento de que era judeu, mas em sua solidão era frequente que buscasse o mais antigo consolo de sua vida. Levava a sério seu divórcio da Igreja, não achava que tivesse o direito de se aproximar do altar, cair de joelhos ou receber a comunhão, mas ia atrás de igrejas de todo tipo só para sentar ao fundo e sentir um breve alívio naquele ambiente iluminado por velas enquanto Richie brincava com os botões de seu vestido, fascinado com o seio arfante da mãe, que suspirava, tremia e chorava um pouquinho.

Certo dia, Nettie estava fazendo um passeio na área das lojas de departamento da rua 34. Passou por uma igreja perto da Gimbels. Num impulso, entrou e se dirigiu ao confessionário. O padre era jovem e deve ter se comovido facilmente ao ouvir seus murmúrios entrecortados, suas vulnerabilidades sussurradas, sua marginalidade declarada entre as mulheres judias, que lhe recusavam piedade ou amizade, que eram incapazes de entender seu coração maltratado ou até que ponto ela se sentia sozinha naquele mundo, protegidas que estavam pelo marido e pela respeitabilidade. O padre insistiu para que ela voltasse à igreja e se desafogasse mais uma vez. Ela voltou, uma e outra vez. Então o padre disse para si mesmo que estava fazendo uma visita domiciliar para uma paroquiana necessitada.

"Ela o mordeu inteiro", disse minha mãe. "Ele veio durante meses. Então ela ficou tão descontrolada que o mordeu inteiro. Viram as marcas. Perguntaram a ele: Onde você andou? O que ele podia dizer? Foi trancafiado no monastério."

"Não é um monastério, mãe", falei. "É só uma igreja perto da Gimbels."

"Pois que chamem do *jeito* que acharem melhor", disse ela, impaciente. Detestava que interrompessem sua linha narrativa com uma correção.

O padre veio durante meses, lembro bem. Uma vez chegou no fim da tarde, às vezes vinha duas vezes por semana, mas aquela tarde de primavera em que vi os dois na cama provavelmente foi a vez em que ela o mordeu inteiro, porque não tenho lembrança de vê-lo depois.

Para ela, as situações que se repetiam deviam ser difíceis de engolir. Lembro-me da manhã em que o dono da loja de frangos apareceu na porta. Sete horas, e de repente um barulho absurdo na entrada. Mamãe abriu a porta e lá estava ele, Ióssif Stálin parado diante da porta de Nettie com um frango depenado na mão, Nettie de camisola com um segundo frango na mão, batendo na cara dele com a ave e guinchando: "Em troca de um frango? Você acha que eu vou dar para você em troca de um *frango*?".

Mas todas, mamãe inclusive, achavam que Nettie estava pedindo o que recebia. Era considerada provocante, sugestiva, sedutora. Se alguém pedisse para a pessoa que estava fazendo o comentário ser mais clara, dificilmente seria atendido. Frontes se franziam, pálpebras se estreitavam, bocas se comprimiam. Ninguém seria capaz de dizer exatamente o *que* ela tinha. Por outro lado, ninguém voltava atrás. Não é o que ela veste, diziam, é o *modo* como veste. Não é tanto o que ela diz, é a *forma* como diz. Não é a expressão em seu rosto, é o rosto inteiro. Sabe o que estou querendo dizer? Não consigo explicar exatamente o que é, mas sei o que quero dizer. Eu concordava. Também sabia o que queriam dizer.

O jeito de Nettie andar pelo quarteirão me deixava constrangida desde os dez anos de idade. Ela o fazia como nenhuma outra mulher do bairro. O jeito de andar de uma mulher podia ser enérgico ou preguiçoso, mas forçosamente era o jeito de andar de uma dona de casa com uma tarefa; as pernas de uma dona de casa ficavam presas ao seu tronco com o único propósito de serem usadas para a locomoção utilitária; a razão de a mulher andar não era sentir o próprio corpo em movimento ou ter o movimento de seu corpo reconhecido ou provocando reações. Com Nettie, sim. Seu jeito de andar era lento e deliberado. Ela movia primeiro uma anca e depois a outra, balançando as cadeiras. Todo mundo percebia que aquela mulher não estava indo a nenhum lugar, que ela estava andando por andar. Andando para ver o efeito que produzia na rua. O jeito de andar de Nettie realçava a existência de carne por baixo da roupa. Significava: "Este corpo tem o poder de fazer você desejar". Não havia nada que se assemelhasse a ela num raio de mil quilômetros. Homens e mulheres igualmente ansiavam por ela. Era horrível. Eu percebia com toda a clareza que ela despertava uma emoção forte, só que tal emoção parecia estar ligada a castigo, não a privilégio. O modo como as pessoas olhavam para ela — a crueldade nos homens, a ira nas mulheres — me dava medo. Eu a via correr perigo. Para mim,

Nettie andando pelo quarteirão ficou mesclada ao tecido da ansiedade juvenil.

Ela, é claro, não tinha medo de nada. Recebia todo aquele que chegasse. Todo par de olhos voltado para Nettie encontrava os olhos dela: bem abertos, inocentes, zombeteiros; irados no centro; sua imprudência provinha de algum imperativo ardente que forçava um limite externo móvel; essa imprudência era inteiramente determinada pelo fato de Nettie se sentir muito mal em relação a si própria e à sua vida, em todo e qualquer dia da semana. A única maneira que conhecia de se sentir melhor era despertando o desejo das pessoas por ela. Sabia que quando balançava os quadris, erguia as pálpebras devagar, passava a mão pelo cabelo vermelho em atitude langorosa, despertava a expectativa no baixo-ventre. Essa era uma coisa que ela *sabia*. Era tudo o que sabia. E achava que esse conhecimento lhe dava poder. Achava que a própria impiedade *era* poder. "Você vai sentir, mas eu não", era o que dizia a ginga de seu corpo, "por isso você será fraco e eu forte." Mas ela entendia sua situação de forma muito imperfeita. Era, afinal, uma camponesa de uma aldeia da Ucrânia, dona de uma compreensão limitada das coisas. Richie compreendia melhor do que ela o que estava acontecendo, e numa noite quente de verão, quando eu estava com dezessete anos e ele com oito, mostrou-me o que sabia.

Estávamos no fim de agosto. Fazia um calor intenso, sério. Um calor cumulativo que nunca evaporava inteiramente das ruas ou dos apartamentos. Fazia as pessoas penarem — uns mais, outros menos. À noite, o pior do abafamento do dia se amenizava e uma brisa suave entrava pelas janelas mantidas abertas, com telas nas molduras de madeira. Uma sensualidade convalescente tomava os aposentos mergulhados na penumbra. Começávamos a nos recuperar da agressão do dia.

Eu estava sentada no sofá da sala num estado de exaustão sonhadora, tentando aproveitar a última hora de luz solar para ler. Richie estava sentado ao meu lado, querendo atenção. Era um menino bonito, de olhos escuros, cabelos escuros, bela coloração rosa e branco, sorriso irresistível, voz parecida com a da mãe, macia e insinuante. Richie sabia que em nossa casa tinha mais direitos que obrigações. Tal conhecimento lhe permitia agir no limite do atrevimento, embora raramente ultrapassasse um ponto do qual não pudesse recuar em segurança. Naquele anoitecer em especial, porém, Richie *queria* que eu ficasse com ele. Tratei de afastá-lo com uma cotovelada, sem tirar o olho da página. Ele rejeitou minha rejeição.

"Richie", falei exasperada, sempre de olho no livro. "Agora não."

"Sim", ele disse. "Agora."

"Não!"

"Sim!"

Eu ri, mas continuei lendo. Richie subiu para meu colo e começou a brincar com a parte da frente do meu vestido, um artigo reduzido, frente única, branco, em tecido fininho de verão, fechado por um zíper que ia do pescoço ao umbigo. Empurrei suas mãos de leve, sem prestar atenção, sempre lendo. Ele enroscou os braços em volta de meu pescoço e comprimiu os lábios abertos na minha garganta. Sobressaltada, senti sua boca ativa sobre meu corpo. Empurrei-o com força, mas tarde demais: ele percebera minha hesitação. Não se afastou de mim, apertando-se contra meu peito como se tivesse direito a mim. Ele era forte, mais forte que eu. Começamos a lutar como se ambos fôssemos adultos, ou ambos fôssemos crianças. De repente, num movimento inacreditável, Richie puxou o zíper do vestido até embaixo, enfiou uma das mãos por dentro do meu sutiã e a outra por dentro da minha calcinha. Antes que eu pudesse me dar conta do que estava acontecendo, ele segurou meu mamilo entre dois dedos enquanto movia o dedo médio da outra mão sobre meu sexo. Explodi como um barril de pólvora: convulsão instantânea do corpo. Em meio segundo havia retirado as mãos dele de cima de mim e o mantinha afastado de meu corpo, segurando seus pulsos, imobilizando-o. Encarei-o, atônita. Ele devolveu meu olhar. Eu podia ver no rosto dele o que via no meu. Também podia ver qual era sua conclusão sobre o que via. Seu rosto estava atento, impregnado de triunfo, interesse, excitação. E por trás da excitação havia algo ainda mais curioso: uma espécie de tristeza, uma gravidade. Pensei em Richie aos cinco anos, amarrado a uma cadeira, vendo Nettie e o padre na cama coberta com a colcha de caxemira. Daquela noite para cá, ele aprendera muita coisa. Já sabia que a vida da mãe não era um exercício de poder, mas uma troca de humilhações. Naquele momento estava simplesmente pondo à prova o que sabia.

Dia glorioso, hoje: Nova York em plena intensidade sob o sol claro de outono, os edifícios delineados com nitidez contra o céu limpo, ruas apinhadas com pirâmides de frutas e legumes, flores em vasos de papel machê recortando círculos na calçada, bancas de jornal vibrantes em branco e preto. Na Lexington Avenue, em especial, uma onda de adorável movimento humano ao meio-dia, uma multidão de apetites e absorções urbanos.

Combinei de caminhar com minha mãe no fim do dia, mas vim cedo à cidade para vagar por conta própria, sentir o sol, ver o movimento, estar no mundo sem as interpretações intervenientes de uma companhia volúvel como ela. À altura da rua 73, saio da Lexington e me dirijo ao Whitney, pensando em dar uma última olhada numa exposição temporária. Já perto do museu, desenhos de um expressionista alemão na vitrine de uma galeria atraem meu olhar. Entro, viro para a parede mais próxima e dou de cara com duas grandes aquarelas de Nolde, com suas famosas flores. Já olhei diversas vezes para as flores de Nolde, mas hoje é como se as visse pela primeira vez: aquela difusão quente e exuberante que o caracteriza, apresentada, percebo de repente, em seus contornos. Vejo a qualidade ardente da intenção de Nolde, a séria paciência com que as flores o absorvem, a concentração clara e determinada do artista em seu tema. *Vejo* isso. E penso: é a concentração que dá essa força à obra. O espaço dentro de mim se amplia. Aquele retângulo de luz e ar por dentro, em que o pensamento se desvenda, a linguagem cresce e a reação se torna inteligente, aquele famoso espaço cercado por solidão, ansiedade, autocomiseração, se abre plenamente enquanto olho para as flores de Nolde.

No vestíbulo do museu, paro para ver a exibição permanente do circo de Calder. Como sempre, há uma multidão em torno, rindo e se admirando com a maravilha que são os fragmentos de tecido e arame de Calder: suspirantes, chorosos, triunfantes. A meu lado estão duas mulheres. Olho para seus rostos e as descarto: louras sonhadoras de olhos azuis, de meia-idade, vindas do Meio-Oeste. Então uma das duas diz: "É como uma segunda infância", e a outra responde, azeda: "Melhor do que a primeira de qualquer um". Fico surpresa, deleitada, constrangida. Penso: Que tremenda idiota você é, achando-se grande coisa com esse seu espanto idiota pelo que *ela* disse. De novo, sinto o espaço interno se alargar inesperadamente.

Aquele espaço. Ele começa no meio da minha testa e acaba no meio do meu baixo-ventre. Varia, sendo da largura do meu corpo ou estreito como uma fenda na parede de uma fortaleza. Nos dias em que o pensamento flui solto, ou, melhor ainda, quando adquire clareza graças ao esforço, o espaço se expande gloriosamente. Nos dias em que a ansiedade e a autocomiseração o atravancam, encolhe — e como encolhe depressa! Quando o espaço é amplo e eu o ocupo por inteiro, sinto o sabor do ar, sinto a luz. Respiro regular e lentamente. Estou em paz e excitada, fora do alcance de influências ou ameaças. Nada pode me tocar. Estou a salvo. Livre. Penso. Quando perco a batalha de pensar, os contornos se estreitam, o ar fica poluído, a luz obscurece. Tudo é vapor e nevoeiro, e tenho dificuldade para respirar.

Hoje é um dia promissor, tremendamente promissor. Aonde quer que eu vá, independente do que veja ou do que entre em contato com meu olho ou meu ouvido, o espaço irradia expansão. Quero pensar. Não, o que estou querendo dizer é que hoje *realmente* quero pensar. O desejo se anunciou com a palavra "concentração".

Vou encontrar minha mãe. Estou voando. Voando! Quero dar a ela um pouco dessa luminância que explode em mim, sifonar para dentro dela minha imensa felicidade por estar viva. Só porque é a pessoa mais velha com a qual tenho intimidade, e neste momento amo todo mundo, inclusive ela.

"Ah, mãe! Que dia eu tive", digo.

"Me conte", ela diz. "Você está com o dinheiro do aluguel deste mês?"

"Mãe, ouça...", digo.

"Aquela resenha que você escreveu para o *Times*", ela diz. "Tem certeza de que vão pagar?"

"Mãe, pare. Deixe eu contar o que andei sentindo", digo.

"Por que você não vestiu uma roupa mais quente?", ela pergunta. "Já estamos quase no inverno."

O espaço interno começa a bruxulear. As paredes cedem para dentro. Fico sem fôlego. Engula devagar, digo para mim mesma, devagar. Para minha mãe, digo: "Você sabe *mesmo* como dizer a coisa certa no momento certo. É fantástico, esse talento que você tem. Me deixa inteiramente sem fôlego".

Mas ela não se toca. Não sabe que estou sendo irônica. Tampouco sabe que está me anulando. Minha mãe não sabe que transformo sua ansiedade numa coisa pessoal, que me sinto aniquilada por sua depressão. Como saberia? Ela não sabe nem que estou aqui. Se eu dissesse à minha mãe que para mim é a morte ela não saber que estou aqui, ia me olhar com olhos toldados de desolação e perplexidade, essa menina de setenta e sete anos, e exclamaria, furiosa: "Você não entende! Você nunca entendeu!".

Mamãe e Nettie brigaram, e eu fui para o City College. Na memória sensível, esses eventos têm pesos iguais. Ambos inauguraram conflitos declarados, ambos criaram uma barreira entre mim e o eu desinformado, ambos foram sentidos como subversivos e de índole guerreira. Sem dúvida, o conflito entre minha mãe e Nettie parecia um plano estratégico para cercar e conquistar. Por mais incoerente que fosse aquela guerra, deflagrada com ira e engodo, visando objetivos aparentemente confusos e sempre negados, ela nunca perdia o inimigo de vista: o coração inteligente da garota, que, se não estivesse ligada a uma, estaria perdida para as duas. O City College parecia igualmente preocupado em fazer um cerco, senão para o coração inteligente, pelo menos para a mente ignorante. Benévolo na intenção, simplesmente um passaporte para a terra prometida, era evidente que o City era o verdadeiro invasor. Praticou mais violências com as emoções do que mamãe ou Nettie poderiam ter sonhado, apartou-me das duas, provocou e alimentou uma vida não partilhada dentro da cabeça que se transformou em traição. Eu vivia entre os meus, mas já não era uma deles.

Acho que isso acontecia com a maioria de nós, no City College. Ainda usávamos o metrô, ainda percorríamos as ruas tão nossas conhecidas nos intervalos entre as aulas, ainda voltávamos para nossos bairros todas as noites, conversávamos com nossos amigos do secundário e íamos dormir em nossas próprias camas. Mas secretamente havíamos começado a viver num mundo que existia dentro de nossa cabeça, onde líamos, conversávamos e pensávamos de um modo que nos separava de nossos pais, da vida do pessoal de casa e da vida do pessoal da rua. Fôramos iniciados, aprendêramos a diferença entre pensamento oculto e pensamento expressado. Isso nos tornava subversivos em nossos próprios lares.

Como milhares de pessoas já disseram antes de mim: "Para nós, era o City College ou nada". Eu gostava da solidariedade invocada por essas palavras, mas repelia a exclusão implícita. No City College eu me instalava numa cafeteria do porão e ficava conversando com meia dúzia de outros alunos que tampouco queriam voltar para suas casas no Brooklyn ou no Bronx, e ali, naquela cafeteria, minha educação criou raízes. Ali aprendi que Faulkner era a América; Dickens, a política; Marx, o sexo; e Jane Austen, a ideia de cultura; que eu fazia parte de um gueto e que D. H. Lawrence era um visionário. Ali meu amor pela literatura adquiriu um nome e o assombro com a vida da mente desabrochou. Descobri que as pessoas se transformavam graças a ideias, e que a conversa intelectual era imensamente erótica.

Falávamos sem parar. Talvez porque não fizéssemos praticamente nada além disso (tolhidos pelo medo do sexo e pela parcimônia da classe trabalhadora, não íamos ao teatro e não fazíamos amor), mas sem dúvida tínhamos tanto a falar porque a maioria de nós lia num silêncio encaramujado desde os seis anos de idade, e o City College era nossa grande válvula de escape. Não era ao ensino que o City devia sua reputação de excelência intelectual, era a seus estudantes, era a nós. Não que fôssemos notáveis intelectualmente, porque não éramos; mas nossa energia ávida vitalizava o lugar. A ideia de ter uma vida intelectual ardia em nós. Enquanto perseguíamos ideias, sentíamos que éramos conhecidos, tanto de nós mesmos como uns dos outros. O mundo fazia sentido, havia chão debaixo de nossos pés, um lugar no universo onde podíamos estar. O City College me fez tomar consciência da coesão interna como valor fundamental.

Acho que minha mãe em pouco tempo desenvolveu opiniões ambíguas sobre mim e o City, embora tivesse desejado me ver na faculdade — nenhuma dúvida quanto a isso — e se entusiasmado com sua própria determinação de que eu fizesse uma (orientando-me, na metade de seu primeiro ano de viuvez, a abraçar a vida acadêmica, e não o curso de comércio de nível secundário), e chegando a entrar em litígio quando o assunto virou tema de discussão na família.

"Onde é que está escrito que a filha de uma viúva da classe trabalhadora precisa ir para a faculdade?", perguntou-lhe um dos meus tios, tomando café na mesa da nossa cozinha certa manhã de sábado, no meu último ano do secundário.

"Está escrito aqui", ela respondera, batendo firme na mesa com o dedo do meio. "Está escrito bem aqui. A menina vai para a faculdade."

"Por quê?", ele insistira.

"Porque eu estou dizendo."

"Mas por quê? Qual vai ser o resultado disso, na sua opinião?"

"Não sei. Só sei que ela é inteligente, merece ter uma formação e vai receber uma. Estamos na América. As meninas não são vacas no pasto, à espera de ser montadas por um touro." Olhei para ela. De onde tirara *aquilo*? Meu pai morrera havia cinco anos, ela estava em plena fase de adaptação pós-viuvez.

O momento fora repleto de conflito e bravata. Ela sentia o que suas palavras diziam, mas não tinha a intenção de dizê-las. Não sabia nem o que estava querendo dizer com "uma formação". Quando descobriu, por ocasião da minha formatura, que eu não era professora, reagiu como se tivesse sido lograda. Para ela, uma filha mulher entrava por uma porta onde estava escrito faculdade e saía por outra onde estava escrito professora.

"Quer dizer que você não é professora?", ela me perguntou, arregalando os olhos enquanto suas duas mãos vigorosas imobilizavam meu diploma sobre a mesa da cozinha.

"Não", falei.

"E o que você ficou fazendo todos esses anos?", ela perguntou em voz contida.

"Fiquei lendo romances", respondi.

Ela ficou pasma com minha *chutzpah*, mas não disse nada.

Na verdade, porém, não se tratava exatamente de saber o que eu podia fazer ou deixar de fazer com meu diploma. Éramos pessoas que sabiam como permanecer vivas, ela jamais alimentou a menor dúvida quanto ao fato de que eu acharia um jeito. Não, o que a espicaçava — e nos dividia — era eu pensar. Minha mãe não havia entendido que cursar a faculdade significava que eu começaria a pensar: coerentemente e em voz alta. Foi tomada por violenta surpresa. Bastou um mês daquelas primeiras aulas para que minhas frases ficassem mais longas. Mais longas, mais complicadas, compostas de palavras cujo significado ela nem sempre conhecia. Até ali, eu nunca pronunciara uma só palavra que minha mãe não conhecesse. Ou construíra uma frase cuja lógica não acompanhasse. Ou esboçara uma opinião cujo fundamento fosse uma abstração. Aquilo a deixou doida. Seu rosto começava a assumir a expressão de uma esperteza animal assim que eu dava início a uma frase que não tinha como ser concluída antes que três parágrafos saíssem da minha boca. A esperteza despertava a raiva e a raiva se inflamava em ira. "Do que você está falando?", minha mãe gritava. "Do que você está falando? Fale inglês, por favor! Nesta casa todo mundo entende inglês. Pois fale inglês!"

Sua reação me deixou atordoada. Eu não conseguia compreendê-la. Minha mãe não estava feliz com o fato de eu ser capaz de dizer coisas que ela não entendia? Não era daquilo que se tratava? Eu era a guarda avançada. Seria sua guia na viagem para um mundo novo. Sua função era adorar aquilo em que eu estava me transformando — e agora ela se recusava a fazê-lo!? Era só eu falar minhas novas frases que minha mãe se voltava contra mim como se eu tivesse realizado uma má ação bem ali, junto à mesa da cozinha.

Claro, ela estava tão confusa quanto eu. Não sabia por que estava brava, e se alguém lhe dissesse que estava brava, teria negado, teria encontrado um jeito de convencer, tanto a si mesma como a qualquer ouvinte interessado, que ficava muito orgulhosa de eu estar na faculdade, mas por que eu precisava ser exibida daquele jeito? Era com esse fim que as pessoas iam para a faculdade? Por exemplo, o sr. Lewis, o corretor de seguros, um homem instruído como poucos, formado no City College em 1929, imagine só, 1929, nunca fazia os outros se sentirem burros, sempre falava frases simples, só que eram frases que faziam você pensar depois no que ele havia dito. Era daquele modo que uma pessoa culta deveria falar. E ali estava a filha, que mal saíra das fraldas e aparecia na cozinha cheia de palavras grandiosas, de frases que não tinham nem pé nem cabeça...

Eu estava com dezessete anos, ela com cinquenta. Eu ainda não atingira o nível de beligerante qualificada, mas era uma adversária respeitável, e minha mãe, naturalmente, estava em sua melhor forma. Com os campos definidos, nunca decepcionávamos uma à outra. Tanto ela quanto eu engolíamos repetidamente a isca que a outra jogava. Nossas tempestades balançavam o apartamento: apareciam bolhas na pintura da parede, o linóleo do assoalho rachava, os vidros estremeciam nas janelas. Mal conseguíamos nos segurar para não nos atacarmos fisicamente, e mais de uma vez chegamos à beira do desastre.

Certo sábado à tarde, ela estava deitada no sofá enquanto eu lia numa cadeira ao lado. Distraidamente, minha mãe me perguntou: "O que você está lendo?". Distraidamente, respondi: "A história comparada da ideia de amor no decorrer dos últimos trezentos anos". Ela ficou me olhando por um momento. "Isso é ridículo", falou devagar. "Amor é amor. É a mesma coisa por toda parte, o tempo todo. Comparar o quê?" "Não é verdade de jeito nenhum!", disparei de volta. "Você não sabe do que está falando. É só uma ideia, mãe. Amor é só isso: uma ideia. Você acha que é uma função do misterioso ser imutável, só que não é! Na verdade, o misterioso ser imutável não existe…" As pernas dela se retiraram do sofá numa rapidez tamanha que nem cheguei a vê-las descer. Minha mãe fechou as mãos em punhos, apertou os olhos e uivou: "Eu te ma-a-a-to! Cobra no meu peito, eu te mato. Como você tem coragem de falar comigo nesse tom?". Depois partiu para cima de mim. Ela era pequena e rechonchuda, eu também. Mas eu tinha trinta anos de vantagem sobre ela. A velocidade com que saí da cadeira foi maior que a do braço dela na minha direção, e corri, corri pelo apartamento rumo ao banheiro, único aposento que tinha chave. A metade superior da porta do banheiro era um painel de vidro fosco. Ela chegou no momento em que eu dava a volta na chave e não conseguiu brecar. Enfiou o punho vidro adentro tentando me alcançar. Sangue, gritos, vidro estilhaçado dos dois lados da porta. Naquela tarde, pensei: Uma de nós duas vai acabar morrendo por causa desse afeto.

Algo mais tomava parte em nosso conflito, estimulava nossa angústia, reforçava nossa confusão: o sexo. Eu e os rapazes, eu e a virgindade, eu e ir em frente no assunto. A salvaguarda da minha virgindade era uma preocupação de primeira grandeza. Toda vez que eu levava um amigo para casa, minha mãe ficava ansiosa. Ela não conseguia deixar de dar um salto à frente na imaginação para visualizar o momento inevitável em que meu amigo fatalmente ameaçaria o interesse vital dela. Mas sabia que o perigo vinha mais de mim do que deles. Com todo o seu extraordinário foco no amor romântico e seu sólido conhecimento de que minha geração de garotas era tornada tão infeliz quanto a dela própria no tocante à perda da virgindade antes do casamento, ela sabia, ao mesmo tempo, que algo em mim se libertara, algo que nela nunca havia se libertado; que naquele ponto ela e eu não éramos aliadas em torno de uma causa comum. Quando eu chegava em casa à meia-noite, ruborizada, descabelada, feliz, encontrava-a à minha espera logo do outro lado da porta (ela pulava da cama assim que ouvia a chave na fechadura). Minha mãe prendia meu braço entre o polegar e o dedo do meio e perguntava: "O que foi que ele fez? Onde foi que ele fez o que fez?", como se estivesse interrogando um colaborador.

Uma vez em que estava cem por cento segura de que eu havia ido para a cama com o garoto com quem saíra, ela beliscou meu braço até eu ficar vesga de dor. "Você provou o gostinho que ele tem, não é mesmo?" A expressão sempre me chocava, eu a sentia em meus terminais nervosos. O melodrama da repressão, a malícia da passividade, a raiva pela ausência de poder, tudo enfeixado naquelas palavras, e eu soube daquilo desde a primeira vez que a ouvi. Quando ela pronunciava as palavras, nós duas nos encarávamos, separadas por uma terra de ninguém de dimensões indefinidas mas inequívocas.

De seu apartamento, atônita e visivelmente jubilosa, Nettie escutava o que dizíamos convencida de que toda briga séria me aproximava mais dela. Naquele ano ficou claro que estava competindo com minha mãe para que eu me aliasse a ela, e não à minha mãe. Queria ser a pessoa com mais influência sobre mim. O que Nettie sabia a respeito de homens e mulheres, a vida e o mercado, a educação e o marido que me convinha, me faria passar do setor proletário do Bronx para o setor classe média do Bronx. Todas as mães do prédio sabiam que aquele era o objetivo a perseguir — Selma Berkowitz fizera a primeira plástica de nariz de que se ouvira falar por ali porque os Berkowitz planejavam se mudar para o Concourse e arrumar "um marido médico" para ela —, e Nettie achava que era mais competente no assunto do que todas aquelas mulheres. Minha mãe? Minha mãe era Anna Kariênina. O que minha mãe sabia sobre a questão de manejar corretamente a vida real para que uma garota tivesse condições de fazer a melhor aposta? Nada, absolutamente nada.

Nettie afastava o cabelo de meu rosto, recuava e me olhava criticamente. "Seu ponto forte são os olhos", dizia. "Arrume o cabelo de um jeito que faça todo mundo olhar direto para eles", dizia. Puxava a saia sobre meus quadris para que ficasse bem lisa, ajeitava a blusa em meus ombros. "Você tem um rosto sexy", dizia. "Use roupas simples. Nada de babadinhos." Pensativa, estreitava os olhos, e lá vinha outro conselho sobre como eu deveria me apresentar para obter o melhor efeito. Era como se estivesse arrumando um objeto num espaço emoldurado. Aquela, dizia, era a forma de uma mulher agir no mundo. A mulher se arrumava e se apresentava, e o que esperava obter da vida era determinado pela arrumação escolhida. Nettie queria que eu memorizasse a arrumação feita por ela com o único objetivo de incrementá-la. Esperava que eu a imitasse e a superasse.

Sabia que a iniciativa de me ensinar a ser uma sedutora de homens trazia em si um risco específico, mas perigo não era o departamento dela. Seu departamento era me preparar para ter a melhor participação possível no jogo da vida. Nem é preciso dizer que se eu me tornasse a garota mais cobiçada do quarteirão, estaria correndo risco de estupro e gravidez, mas aquelas eram as regras do jogo, não é mesmo? Uma garota precisava ser *sensata*. Saber como entregar o mínimo possível para obter o máximo possível era uma coisa que eu deveria ter absorvido junto com o leite materno. Minha virgindade não era motivo de preocupação. Mais cedo ou mais tarde eu iria para a cama com alguém, independente do que Nettie ou qualquer outra pessoa dissesse. O problema, claro, era a gravidez. *Aquele, sim*, era o grande problema. Claro que eu não necessitava de instruções sobre o modo de evitá-la, não é mesmo? Era uma garota esperta, uma universitária. Mas vamos ver... É, sua cor é *mesmo* o verde.

Mas nada daquilo pegou. Eu ficava siderada durante nossas sessões de "construção de uma mulher". O modo como Nettie falava dos homens era excitante (seu desprezo era tão educado!), e eu adorava vê-la se arrumar, mas não conseguia me concentrar na meta daquilo tudo, e seu objetivo último permanecia no terreno da abstração. Eu queria usar as roupas do jeito que ela as usava, mas não o bastante. Estando na companhia dela, eu me entregava ao glamour da confecção de roupas, mas longe dela voltava ao meu jeito habitual e desatento de me vestir, não conseguia me lembrar o que combinava com o quê, nem de como reunir tudo. Sem dúvida, não conseguia me lembrar de que o modo como eu me vestia e me apresentava era uma das ferramentas do negócio, um instrumento para ganhos futuros, uma maneira vital de chegar à imagem que traria para minha esfera de influência o homem capaz de me fornecer a quantidade de vida e mundo a que eu tinha direito a aspirar.

Não era que eu duvidasse da necessidade de exercer aquele fascínio: quem era eu para pôr em dúvida uma coisa que todas à minha volta apregoavam? Por acaso não era como se minha mãe dissesse a cada respiração: "A vida sem um homem é impossível"? E o que Nettie na realidade dizia não era: "Os homens são um lixo, mas a gente precisa de um"? A mensagem não estava aberta à interpretação, uma criança de três anos poderia tê-la repetido: "Mulher que não arruma marido é burra. Quem arruma e depois perde é incompetente". Eu sabia, para além de saber, que aquela era uma verdade inegociável. Mesmo assim, não conseguia prestar atenção. Era como a garota moderna num romance do século XIX: Sim, sim, mas agora não.

Naquele exato momento, apenas duas coisas retinham meu interesse: discutir livros e ideias na faculdade, e por outro lado amassos com Paul, Ralph ou Marty na entrada do prédio, em bancos de parque, no assento de trás de um carro. Criatura da experiência imediata, eu não tinha como ser coagida pelos supostos benefícios de um futuro não visto e não sentido. Sendo assim, mais uma vez, qual de nós era coagida por aquela perspectiva? Todas éramos criaturas da experiência imediata, nenhuma de nós postergava a gratificação. Nettie *dizia* que estava insistindo comigo que eu me arrumasse para poder me apropriar de uma parcela melhor da ação, mas na verdade ela própria estava viciada na prática cotidiana do fascínio. Minha mãe *dizia* que eu precisava de amor para desfrutar da vida em alto nível, mas na verdade chorar o amor perdido era o nível mais alto de vida que ela havia atingido.

Nem por isso a ideia de uma vida como a que ela apregoava perdera a força, e dia após dia, mês após mês, aquela ideia ia nos carregando para um conflito mais acirrado. Era um fato que, quanto mais inseguras ficávamos, mais assertivas nos tornávamos. Cada uma de nós tinha necessidade de se sentir especial, diferente, destinada a um objetivo superior. Divididas contra nós mesmas, retínhamos toda simpatia que pudéssemos sentir umas pelas outras. Secretamente, cada uma de nós identificava uma série de traços indesejáveis de personalidade nas outras, das quais se distinguia, como se dissociação fosse o mesmo que redenção. "Graças a Deus, não sou como *isso aí*", cada uma dizia para si mesma em relação às outras pelo menos uma vez por dia. Mas o juízo não amenizava as coisas. Não conseguíamos purgar a nós mesmas nem da fantasia nem da raiva. Por baixo de uma superfície inalterada, cada uma de nós se consumia em silêncio. O que acabava conosco era essa combustão lenta. O conflito entre mamãe e Nettie, quando estourou, avançou com a velocidade de uma queimada. Liberada do calor subterrâneo, ardeu com tal calor, com tal velocidade, que em questão de segundos havia produzido terra devastada: naquele terreno nada voltaria a brotar.

Tenho dificuldade para lembrar quando foi que me dei conta pela primeira vez de que o tom de cada uma das duas começara a passar por alterações significativas sempre que se referiam uma à outra, mas um dia minha mãe disse: "A única coisa que ela faz é balançar o rabo para lá e para cá pelo quarteirão. Por que não vai procurar um emprego? É uma vergonha para todas nós, mulheres, o modo como ela se comporta", e eu ergui os olhos da mesa da cozinha (estava fazendo os deveres, ela estava na tábua de passar roupa). Era frequente minha mãe utilizar palavras daquele tipo, mas, em todas as vezes anteriores, a rispidez era cortada por uma exasperação na voz dela que traía o afeto. Daquela vez o tom, tal como as palavras, era simplesmente duro.

"De modo que ela não trabalha", falei calmamente. "E daí? Você acha errado Nettie receber seguro-desemprego?"

"Não é ao auxílio que me oponho. É ao jeito como ela se comporta com os homens. Acho nojento."

"Acha? A maioria das mulheres tem inveja do jeito como ela se comporta com os homens. Gostariam de ter o sucesso que ela tem, sendo do jeito que é."

"Eu preferia morrer a ser daquele jeito com um homem!", disse minha mãe, quase cuspindo as palavras.

"Sério?", murmurei. "Morrer?"

Ela ergueu os olhos da tábua de passar, virou o rosto completamente para mim e disse, numa voz trêmula de desdém: "Você é uma criança, não sabe nada da vida, nada".

De repente me senti desconfortável. Do que estávamos falando? Quero dizer, do que estávamos falando *afinal*? Ela sempre se sentira compelida a amenizar o que pensava de Nettie. Agora algum fator a levava a abandonar a sobriedade. Por quê? O que a deixava tão brava? A luz da tarde, sempre suave na cozinha, parecia esmaecer perceptivelmente, tornando-se pálida e esgarçada. Alguma ameaça sensível nos rondava. Estremeci, senti-me ansiosa. Fui tomada de melancolia.

Um dia, nessa mesma época, Nettie e eu estávamos experimentando alguns vestidos que ela havia desencavado do fundo do armário. Nettie vestiu um deles em mim, uma malha colante, e nós duas vimos ao mesmo tempo como meu corpo era agora um corpo de mulher. As mãos de Nettie se juntaram de encantamento. "Ah!", ela suspirou, "você está maravilhosa." Em seguida soltou uma risadinha de criança levada. "Se você sair com isso na rua, sua mãe vai ter um infarto." Também ri, mas por baixo de meu riso uma ideia se conectou. É verdade, pensei, ela detestaria me ver neste vestido, consideraria uma traição.

"Sua mãe vai dizer que você parece uma vagabunda", disse Nettie. "Vai dizer que se parece comigo." Minha cabeça se voltou para ela num movimento brusco.

"Ela nunca disse que você parece uma vagabunda."

"Pode não ter dito, mas é isso que pensa."

"Por que você está dizendo isso?"

"Ora, não me enrole."

"Você está enganada", eu disse. "Ela gosta de você. Se preocupa com você."

"Se preocupa do jeito que se preocupa com você, dando beliscões até você ver estrelas? 'O que foi que ele fez? Onde foi que ele fez aquilo?'"

Corei e me senti desleal.

"Ela está com ciúme", disse Nettie, com raiva. "Deitada naquele sofá, seca daquele jeito, há cinco anos sem a mão de um homem no corpo. Você conhece o ditado, não conhece? Não usou, acabou. É a sua mãe. Ela quer que eu acabe também. E que você acabe."

O que me surpreendeu não foram as palavras. Eu já as ouvira antes, ou outras parecidas. Foi a amargura que percebi na voz de Nettie: inesperada e crua. Uma vez mais, a ansiedade flutuou no aposento e uma vez mais me senti ameaçada. Uma coisa triste e sem esperança se movia no ar. Aquilo, aquela coisa triste, me amorteceu. Senti a energia evaporar de meu corpo.

Num domingo à tarde, no fim do outono, estávamos as três na cozinha. Nettie fazia um novo penteado no meu cabelo e mamãe, num raro momento de inspiração culinária, preparava panquecas de batata. A atmosfera entre nós era agradável. Sarah dera uma passada de uma hora, trazendo da rua, como sempre, ótimas fofocas fresquinhas. Já ao entrar, comentou: "Sabem de uma coisa? A cada minuto que passa a sra. Kerner fica mais doida. Acabo de falar com ela. Vocês não vão acreditar no que ela me disse".

Mamãe se encarregou da transição retórica: "O que ela disse?".

"Que os pelos pubianos dela estão pegando fogo porque o homem do andar de baixo está enviando radiação para cima."

"*O quê-ê-ê?*", reagimos em coro.

Nettie riu com tanto gosto que precisei puxá-la de volta para o banco.

"Meu Deus, meu Deus." Mamãe balançava a cabeça com uma das mãos apoiada na bochecha. "Logo vão precisar internar a mulher."

"Ela falou mesmo pelo pubiano?", perguntei. Sarah confirmou. "E radiação? Ela disse radiação?" Mais uma vez, Sarah confirmou. "Estão vendo?", eu disse, triunfante. "*Falei* para vocês que ela era uma mulher muito inteligente."

Pois bem, duas horas depois a sra. Kerner continuava ocupando nossa mente. Mamãe ergueu a borda de uma panqueca do óleo sibilante, conferiu o lado de baixo e anunciou: "O erro daquela mulher foi ficar em casa. Ela devia ter ido atrás de um emprego".

Nettie, ao meu lado, enrijeceu. Eu também liguei o alerta. Aquelas palavras podiam ser o prelúdio do tipo de crítica velada que mamãe costumava fazer. Dando a impressão de falar sobre outra pessoa, ela partiria para um monólogo — cujo alvo evidente era Nettie — sobre as virtudes de sair para trabalhar.

"Mas, mãe, como ela ia sair para procurar emprego se não sabe fazer nada?", perguntei.

"Podia achar alguma coisa, podia achar. Todo mundo sabe fazer *alguma* coisa, basta querer."

"Alguma coisa pela qual as pessoas iam querer pagar? O sr. Kerner diz que devia receber um pagamento pelo mero fato de ter a mulher em casa." De repente eu chegava a uma espécie de revelação sobre o casamento. "Pensando bem, é exatamente por *isso* que ele recebe um pagamento. Por que outra razão ele trabalha, senão para ter a mulher em casa?"

Nettie soltou uma risadinha. Ainda não estava segura quanto à sua posição naquela troca de palavras.

"Muito inteligente, muito inteligente", resmungou minha mãe, ameaçando tempestade. "Se ela trabalhasse fora, ele não precisaria ter a mulher em casa. Ela não seria maluca e poderia mandar o marido à merda. Algum dia isso lhe ocorreu, minha brilhante filha? Que talvez ela seja maluca porque não pode mandar o marido à merda? Já percebi que muitas vezes a mulher que não pode mandar um sujeito à merda é maluca."

Àquela altura, Nettie examinava as próprias unhas e sorria para si mesma. Inesperadamente, mamãe desviou o olhar das panquecas e se virou. Viu o sorriso de Nettie.

"Você acha que manda os sujeitos à merda, não é mesmo?", disse, mansa.

Nettie e eu trocamos um olhar rápido. Mamãe registrou nossa cumplicidade, sentiu a exclusão.

"Você se acha grande coisa porque não sai para trabalhar, não é mesmo?", gritou. "Não *é mesmo*? Pois deixe que eu lhe diga uma coisa. Você sabe o que as pessoas dizem de você por aí?"

"Mãe!"

Rosto sem cor, lábios comprimidos com força, uma palpitação no pescoço, minha mãe fazia força para se controlar. Tarde demais. A própria Nettie havia empalidecido e se levantara do banco.

"O que é que as pessoas dizem de mim por aí?", perguntou, um sorriso perigoso na voz.

"Dizem que..."

"Mãe! Pare! Pare com isso!"

Nettie foi até a porta da cozinha. Eu também. Mamãe veio na nossa direção. Nettie recuou para o vestíbulo. Eu também. Mamãe se posicionou entre nós duas. Apoiou dedos conciliatórios no braço de Nettie, que os empurrou e, com uma das mãos na maçaneta, falou, sibilante: "Você sabe muito bem que ele sempre gostou de mim".

Por um momento que durou cem anos, ficamos as três ali, juntas no vestíbulo minúsculo. Nenhuma se mexia. Minha boca se abriu e ficou aberta. Nettie com a mão na maçaneta. Os dedos de mamãe tocando o ar. A luz da tarde, carregada de ameaça e angústia, incidia sobre nós, vinda da distante janela da cozinha.

Ela foi para a cama com meu pai, pensei, e uma imensa emoção percorreu meu corpo.

"Sua puta", murmurou minha mãe. "Sua puta nojenta. Saia desta casa."

Nettie bateu a porta e mamãe correu pelo apartamento. Foi se jogar no sofá e começou a chorar, um choro alto, entrecortado. Dividida entre a pena e o fascínio, olhei para ela enquanto ela permaneceu ali. Foram horas de choro.

Meses depois, um dia voltei para casa da faculdade às seis da tarde. Estava prestes a introduzir a chave na fechadura quando a porta de Nettie se abriu. "Entre", ela pediu. Fiquei imóvel com a chave na mão, olhando para ela. Dava para ouvir minha mãe andando pela casa do outro lado da nossa porta. "Por favor", repetiu Nettie num sussurro. "Só um minutinho. Ela não vai saber." O rosto dela se contorcia com o esforço de implorar. A chave estava a um centímetro da fechadura. Não me lembro no que pensei, mas me lembro do que senti: se eu entrar na casa dela, estou traindo mamãe; se não entrar, estou abrindo mão do sexo. Entrei.

Eu era tão jovem. Não tinha como saber que trair mamãe não era garantia de que eu não abriria mão do sexo.

"Por que você não pode encontrar um homem decente e ser feliz ao lado dele?", está dizendo minha mãe. "Um homem bom e simples. Não um intelectual ou um filósofo." Estamos descendo a Nona Avenida depois de um concerto do meio-dia no Lincoln Center. Ela ergue uma das mãos com a palma no ar. "Por que você só pega um *shlemiel* depois do outro? Me diga. É para me deixar infeliz? *Por quê?*"

"Mamãe, pelo amor de Deus", falei, sem forças. "Não 'pego' homens. Estou por aí, na vida, só isso, estou *por aí na vida*. Coisas acontecem, uma atração começa, você age de acordo com ela. Às vezes, lá no fundinho da cabeça, por uma fração de segundo, você pensa: Será que isto vai virar coisa séria?

Será que esse homem vai ser uma relação importante? Um parceiro? Mas quase sempre você empurra esse pensamento para longe porque essa é a nossa *vida*, mãe. Casos. Episódios. Paixões que duram o tempo que duram. Mesmo quando incluem casamento."

Ela sabe que neste momento estou falando na posição de perdedora, e não se demora.

"Mas um alcoólatra?", diz.

"Ex-alcoólatra, mãe."

"Alcoólatra, ex-alcoólatra, que diferença faz?"

"Mãe! Faz quatro anos que ele não põe uma gota de álcool na boca."

"É, e faz duas semanas que não telefona."

Marilyn Kerner dissera praticamente a mesma coisa. Marilyn (que nunca se casara), agora com quarenta e seis anos, advogada, moradora do Upper West Side, até hoje é uma voz corretiva na minha vida. Quando não estou atrás da solução fácil dos tapinhas nas costas da cultura terapêutica, e sim da avaliação impiedosa de uma legítima representante do Bronx, ligo para ela. O vocabulário de Marilyn não inclui eufemismos. Prepare-se para ser atingida por uma análise semelhante a um soco — ou não ligue para Marilyn. Eu havia ligado para falar daquela minha paixão recentíssima, e ela também dissera: "Um ex-alcoólatra? Não parece muito promissor".

"Mas, Marilyn", eu protestara. "É exatamente o oposto. Ele *esteve lá*, foi até o fundo. Foi tão impotente quanto uma mulher. Ganhou sabedoria. Acredite. Esse homem é extraordinariamente indefeso. Nossa amizade foi uma coisa maravilhosa. Com cada palavra, cada gesto, cada mínimo comportamento, ele me disse: 'Sou tão vulnerável a isso quanto você, tão sensível a seus medos e inseguranças quanto aos meus próprios.'"

"Mas ele não foi sensível aos dele mesmo", disse Marilyn. "Passou quinze anos em conserva no álcool."

"Hoje ele está diferente", falei. "Deus do céu. Segunda chance é uma coisa desconhecida no Bronx?"

"Não é isso", disse Marilyn. "É que quem veio do Bronx não ignora uma evidência. Não pode se permitir uma coisa dessas."

No momento, é claro, o peso da evidência está totalmente contra mim. Esse homem e eu nos encontramos numa conferência de jornalistas. O desejo não havia demorado, depois fomos os dois surpreendidos pela felicidade. Havíamos passado um mês juntos. Agora estávamos separados, eu de volta a Nova York e ele no Meio-Oeste para concluir um trabalho. Nosso plano era um encontro em Nova York seis semanas depois. Enquanto isso, o combinado era ele telefonar no dia seguinte à minha chegada a Nova York. Isso foi duas semanas atrás, e até agora nada de telefonema. Ele está no meio da viagem, não tenho como entrar em contato. Foram duas semanas de sofrimento concentrado. É a primeira coisa de que tomo consciência quando acordo, a última antes de adormecer. Durmo tão mal que é comum eu acordar no meio da noite e pensar a respeito, e nessas horas a dor acaba com meu entendimento. No momento não sou o personagem de um conto de Doris Lessing, *sou* um conto de Doris Lessing. O mundo é um espaço emoldurado inteiramente tomado pela obsessão. Acabada e de olhos fixos, me movo pelo espaço: uma mulher moderna condenada a saber que a experiência do amor será encenada repetidamente numa escala cada vez menor, mas sempre com seu complemento integral, de febre e doença, intensidade e negação.

Nesse meio-tempo, enquanto andamos, a cidade nos devolve uma versão de rua do drama que me devasta por dentro. Estamos na área próxima ao mercado italiano, cercadas por homens dedicados à tarefa de entregar caixas e mais caixas de carne, legumes, itens de mercearia. Mas em Nova York tudo está sempre misturado, de modo que a vida das pessoas também é entregue na rua. Um homem em pé numa cabine telefônica aberta chuta furiosamente um dos lados da cabine enquanto berra ao aparelho: "Eu falei que já estou indo! Não *falei* que já estou indo? Por que você fica me perguntando se eu estou indo?". Na esquina, três estudantes extremamente maquiadas e vestindo alta-costura em poliéster formam uma espécie de nó apertado. Quando passamos por elas, uma diz para as outras duas: "Eu falo para ele: Tony, você está se encostando *demais* em mim, não gosto que homem nenhum se encoste em mim *desse jeito*".

Minha mãe e eu ouvimos atentamente o homem do telefone e a garota da esquina. Avançamos dois quarteirões sem dizer nada. Aí ela olha de lado para mim e fala: "Você sabe o que os russos dizem". Não, respondo, não posso afirmar que sei o que os russos dizem. Ela pronuncia uma frase em russo, depois traduz: "Se quer andar de trenó, primeiro precisa levar o trenó até lá em cima". Caímos as duas na risada, e quando afinal chego em casa estou me sentindo desintoxicada.

Quando entro no apartamento, o telefone está tocando. É a Marilyn.

"Ele ligou?"

"Não."

"Bom...", ela começa.

"Mandei uma carta para ele", declaro.

"Carta? Para quê?"

"Antes de mais nada, para acabar com essa passividade. É horrível ficar esperando, impotente. Também quero que ele saiba qual é a minha opinião sobre isso tudo. Devo dizer que escrevi uma carta genial."

"Ah, é?", diz Marilyn sem achar graça.

"É", respondo. Resolvo fingir que não notei o tom de voz contrafeito. "Quer que eu leia um trecho para você? Sei vários pedaços de cor."

"Claro, leia."

"Bom, comecei dizendo que mesmo sendo doloroso para mim ver que seus sentimentos não haviam durado nem dez minutos no mundo real, eu podia muito bem absorver o golpe e viver com ele. O que eu não conseguia absorver era o fato de ele próprio nos jogar de volta na crueldade do lance antiquado homem-mulher, me transformando na mulher à espera de um telefonema que nunca aconteceu e a ele próprio no homem que precisa evitar a mulher que está à espera. Falei que tinha achado que nós dois éramos amigos mutuamente interessados em agir de modo civilizado, pessoas confiáveis mesmo *estando* apaixonados."

"Bom", disse Marilyn, prudente. "Muito bom."

"E agora vem a parte genial. Perguntei como era possível ele não ter conseguido se colocar no meu lugar, imaginar o sofrimento e a apreensão que eu estaria sentindo, o esforço para não ceder ao impulso de pegar o telefone nem que fosse só para dizer 'Olhe, assim não dá'. Era *isso* que eu achava ofensivo, assustador até. Agora ouça este trecho da carta. Escrevi: 'Para mim, a inexistência de imaginação solidária entre duas pessoas que foram íntimas é uma espécie de desastre natural. Fico tomada de pânico e de assombro. O mundo passa a ser um lugar bárbaro, sem a menor esperança de terna consideração'. Não é genial?"

Silêncio. Longo, inesperado silêncio. Então Marilyn suspira. "Você continua igualzinha à sua mãe", diz.

"O quê?", digo num gemido. "O que você está querendo dizer?"

"Você continua escolhendo esses caras marginais e os idealizando, depois não se conforma quando mostram que não conhecem o lugar deles. Fica assombrada por fazerem isso com *você*. Por acaso eles não sabem que é você quem vai abandoná-los, e não o oposto? E aí você sobe nas tamancas."

"E isso é ser igualzinha à minha mãe?"

"Sua mãe idealizou um casamento inteiro, e quando *ela* foi abandonada pelo casamento... Você pode completar a frase sozinha."

Meu irmão terminou a faculdade e saiu de casa, e Nettie não cruzava a nossa porta. Estávamos sozinhas no apartamento, mamãe e eu, como eu sempre soube que estaríamos. Ela ficava deitada no sofá olhando para o espaço. Eu me pendurava na janela. O olhar dela era opaco, silencioso, acusador. Não queria saber de estímulos. Eu me sentava na sala, falava o que me passava pela cabeça e nada acontecia, absolutamente nada. Era como se eu não tivesse falado. Sua rejeição era poderosa. Ela me hipnotizava, fazia-me recuar, assustada, para a submissão colaborativa.

Ao deixar de obter o que desejava da vida, o que pensava necessitar, o que sentia que lhe era devido, minha mãe desapareceu, encoberta por uma nuvem de infelicidade. No interior daquela nuvem ela se sentia desamparada, frágil e merecedora de simpatia. Quando lhe diziam que sua melancolia implacável era opressiva para quem fosse forçado a testemunhá-la, ela ficava surpresa. Feridos, irados, sua boca e seus olhos soltavam chispas, e ela dizia: "Não posso fazer nada. É assim que eu me *sinto*. Só posso agir como me sinto". Secretamente, considerava seu estado deprimido um sinal de sensibilidade, de percepção mais acurada, de espírito mais refinado. Não admitia a ideia de que seu comportamento tivesse um efeito adverso sobre os outros, e a ideia de ser indispensável manter determinado grau de intercâmbio social abaixo do qual ninguém tem o direito de cair não fazia parte de seu sistema. Era incapaz de ver que sua insistente infelicidade era uma acusação e um juízo. "Você?", dizia esse juízo a cada suspiro ressentido. "Você não é a pessoa certa. Você é incapaz de proporcionar bem-estar, prazer, alívio. Mas você é o ser que eu mais amo. Sua missão é entender, seu destino é viver um dia após o outro sabendo que é insuficiente para curar minha vida daquilo de que ela foi privada."

Diante da superioridade dessa determinação de minha mãe, eu ficava inteiramente perdida. O segredo, claro, era a impossibilidade de suplantá-la. Ela não queria nada; eu queria tudo, qualquer coisa. Eu me revoltava, brigava com ela ("O sol está brilhando! É um pecado ficar trancada em casa"), mas por dentro ficava entorpecida e muda, me tornava lânguida e burra.

Presos à nossa janela havia anteparos antiquados, feitos de tiras de lata, com a ponta de cima enrolada se projetando em curva no ar acima da rua, enfunando-se para fora numa espécie de efeito de falso balcão. Os anteparos já estavam lá quando chegamos e continuariam lá quando saíssemos, mas eu não tinha suficiente senso histórico para ver a coisa sob esse ângulo e ficava tentando entender por que eles não haviam sido retirados, agora que meu irmão e eu não éramos mais crianças, sem parar para pensar que ainda fazia excelente uso deles.

Nos fins de semana eu passava horas a fio pendurada na janela da sala, debruçando-me sobre a curva interna do anteparo, de costas para a sala, com minha mãe deitada no sofá atrás de mim. Era mais ou menos a mesma coisa quando eu me sentava no rebordo da janela na outra extremidade da sala, tarde da noite, as pernas apoiadas na escada de incêndio, com uma única diferença vital entre as duas sentadas de janela. À noite, na escada de incêndio, eu devaneava à vontade com o corpo no mundo, fora da janela. Durante o dia, apoiada ao anteparo, virava a princesa na torre, uma prisioneira dominada pelo sentimento de exclusão cujo único desejo era estar lá embaixo, na rua. Eu olhava para as pessoas que conhecia (crianças brincando, amigos rindo, casais passeando) como se estivessem a uma distância incomensurável de mim e adotassem uma forma de vida que me fosse estrangeira — uma forma de vida permanentemente indisponível. Ser uma das metades que compõem um intercâmbio humano comum ocorrendo no espaço aberto e ilimitado me parecia, durante as horas que eu passava pendurada na janela, impensável. Ou seja, inimaginável.

O imaginável sempre fora problemático. Quando eu era criança, a percepção das coisas me invadia: profunda, estreita, intensa. O encardido da rua, o ar branco-giz da farmácia, o grão do assoalho de madeira da biblioteca na parte fronteira da loja, os pedaços de queijo no refrigerador da mercearia. Eu sentia tudo aquilo de uma forma tão grave, tão literal. Era desprovida de imaginação. Prestava uma atenção idiota na aparência e no efeito das coisas, nivelando um atento olhar interno à face prototípica do mundo. Aquelas ruas eram todas as ruas, aqueles prédios eram todos os prédios, aquelas mulheres e aqueles homens eram todas as mulheres e todos os homens. Eu era incapaz de imaginar outra coisa que não aquela que tinha diante de mim.

Aquela literalidade infantil das emoções continuou exercendo influência, como se o sistema nervoso tivesse recebido um choque e, em decorrência, o fluxo da imaginação se interrompesse. Eu podia sentir intensamente, mas era incapaz de imaginar. O cinza-granito da rua, o amarelo queijo-americano da mercearia, a melancólica tonalidade amarronzada dos edifícios continuavam todos no lugar, só que agora era para a mulher do sofá, para a garota pendurada na janela, para o confinamento que nos isolava do resto, que eu olhava com a mesma atenção interna que sempre excluíra tanto a possibilidade como a incerteza. Anos iam se passar até eu ficar sabendo que aquele foco extraordinário, aquela insistência com poder de exclusão, também recebe o nome de depressão.

Eu olhava para fora da janela como quem olha para um cenário mágico, com o vácuo granulado às minhas costas pendente como um peso morto, puxando-nos para baixo, para o fundo de todos os anos já havidos ou por haver. Tornamo-nos, minha mãe e eu, todas as mulheres condicionadas pela perda, enervadas pelo abatimento, atreladas uma à outra na piedade e na ira. Depois dos eventos de Hiroshima, foram encontrados cadáveres de pessoas que vestiam quimonos floridos no momento da morte. A bomba fundira o tecido a seus corpos, e a estampa dos quimonos ficara impressa na carne. Anos mais tarde tive a sensação de que a profunda passividade insensibilizada daquela época que passamos juntas se transformara na estampa tatuada em minha pele, enquanto o tecido de minha própria experiência derretia e saía de cena.

Comecei a sair de casa aos dezenove anos de idade e continuei saindo até o dia em que me casaram na sala de estar, aos vinte e quatro anos, num ruidoso ato de fé que anunciava o encerramento do assunto. Meu marido era miúdo (do meu tamanho), louro ("aspecto de pessoa sem importância", nas palavras de mamãe), estrangeiro (era incapaz de se defender em inglês). Nosso amor comum pelas artes nos aproximara, mas ele era um pintor visionário e em mim a literatura despertara a capacidade crítica. Ele era sem palavras e eu era toda palavras. Nele, a repressão era demoníaca; em mim, explosiva. Ele passava a maior parte do tempo refletindo, e duas vezes por ano se embriagava até ficar catatônico. Eu permanecia sóbria, acompanhada permanentemente por uma língua repleta de desdém. Todas as nossas diferenças eram negociáveis, exceto uma: eu falava melhor do que ele e usava as palavras como uma arma. Isso criou um desequilíbrio irrecuperável entre nós. Era só eu abrir a boca para assumir o poder: podia fatiar, cortar e espetar; empurrar, bater e assolar. Ele era incapaz de se defender do cerco avassalador. Em amplíssimo grau, decerto era isso mesmo que eu queria, embora na época, sem dúvida alguma, fosse incapaz de perceber a simples realidade que me dominava em todas as minhas relações com homens. Não era difícil visualizar o trajeto que eu percorrera para chegar àquele homem e àquele casamento (qualquer criança analisando seria capaz de produzir uma descrição confiável do aspecto psicológico), mas eu continuava embrenhada em trevas a poucos metros da luz.

Certa vez uma mulher do movimento declarou: "Todas éramos ou estrelas ou groupies". Com groupies ela se referia às mulheres que haviam circulado na órbita dos homens de sucesso profissional ordinário com quem haviam se casado e com os quais continuavam casadas. Com estrelas se referia ao resto de nós: as que arremetiam e esperneavam contra o destino que lhes correspondia, que não conseguiam nem permanecer num casamento correto nem deixar o casamento inteiramente para trás. Lembro-me de começar o curso de pós-graduação em Berkeley e ser confrontada pela primeira vez com os dois tipos de mulher que correspondiam a esses modelos. Mais tarde me dei conta de que estava tudo ali, naquele pequeno mundo apertado: as relações entre os sexos do jeito que eu sempre as conheceria.

O departamento de inglês em Berkeley era em si um modelo das relações humanas no mundo. Havia os ocupantes do poder: os brilhantes e famosos professores titulares, e os aspirantes ao poder: os jovens (homens) brilhantes ansiosos por virar discípulos, protegidos, filhos e companheiros intelectuais. Juntos, professor e protegido formavam os elos da cadeia de compadrio civilizado que garantia a continuidade do empreendimento a que serviam: a literatura inglesa na universidade.

Ombro a ombro com eles estavam as estudantes. Em geral, vinham do Meio-Oeste, vestiam roupas com golas de bicos arredondados, não conseguiam abrir a boca de tão intensas que eram, e no terceiro ano de faculdade se comprometiam com algum dos jovens promissores. Muitas dessas mulheres também eram brilhantes: uma escreveu poemas intelectualizados, outra psicanalisou Henry James, uma terceira reinterpretou *A rainha das fadas*. Era interessante observar como as pessoas do departamento falavam de uma mulher como essa depois que ela se tornava uma das metades do futuro casal acadêmico. Antes era solenemente ignorada. Agora era mencionada em tons abafados, como se os que falavam dela estivessem no quarto de um doente falando de um inválido, e inevitavelmente um deles acabasse dizendo: "Coitada da Joan. Uma garota realmente talentosa. Claro, é impensável ela não se casar com o Mark, que afinal de contas é um homem brilhante que vai proporcionar a ela a única vida que vale a pena viver; mas quanta coisa ela poderia ter realizado". A mistura de ritual e de alívio na voz da pessoa que estava falando era ao mesmo tempo bizarra e palpável.

Depois havia as outras estudantes mulheres. Intensas num estilo completamente diferente. Atrevidas, difíceis, compleição "moreno-cigana" (o que significava que eram judias de Nova York), inteligência marcada e não sutil, sensibilidade agressiva e não reservada, estilo alarmante de tão direto, sem graça ou modéstia, desconcertantes. Essas mulheres não se apaixonavam pelo Mark, que se sentava ao lado delas no curso de introdução à literatura medieval. Elas estudavam com ele, discutiam com ele, de vez em quando dormiam com ele, mas não se casavam com ele. Nem ele com elas. Para Mark, aquelas mulheres eram seres exóticos, um estímulo passageiro a experimentar antes de começar a vida de verdade. Para as mulheres, Mark era um zangão ambicioso, inteligente mas cauteloso, que queria ser adorado sem discussões. Em suma, entre si aqueles jovens ávidos se temiam, se desprezavam e se excitavam. No fundo, parece-me, a maioria deles tinha muita vontade de estabelecer contato. Mas essa verdade que estava lá no fundo não saía de lá.

Os homens podiam retroceder da ansiedade para uma identidade pré-fabricada. Concluíam seus doutoramentos, casavam-se com Joan e partiam pela estrada cuidadosamente pavimentada que estava reservada para eles. As mulheres não tinham essa sorte. Com quem deveriam se identificar? Em que direção deveriam ir? Pelo menos em Berkeley, sei para onde iam. Tinham casos com professores casados, com ativistas negros, com matemáticos antissociais; ou se enfiavam nos bares do lado de lá da Shattuck Avenue (o divisor social de Berkeley), onde é mais frequente encontrar aventureiros que estudantes de pós-graduação: baristas, pintores, nômades poéticos, pescadores vindos do Alasca, cultivadores de erva vindos do Oregon. Suas vidas se fraturavam. Seus dias eram dedicados à poesia renascentista e à vida do departamento de inglês; à noite iam para a cama com homens que cruzavam a Shattuck Avenue com um visto válido por vinte e quatro horas. A aventura sexual era um acontecimento que só raramente se transformava em experiência. De alguma maneira importante, essas mulheres permaneciam tão inocentes da vida, de suas próprias vidas, quanto Mark e Joan vendo passar os anos nessa ou naquela cidadezinha universitária.

Mal preciso dizer em qual desses grupos fui ocupar meu lugar contrafeito. Eu também fora para Berkeley arrastando uma lista de relações "inadequadas". Já sabia que só arrumava encrenca com os Mark desta vida, encrenca que eu achava que tinha como ponto de partida as inseguranças, os medos e as defesas deles, dos Mark desta vida. Eu não, eu estava pronta. Eles é que não queriam uma esposa que contestasse o que diziam, eles é que sentiam medo de uma mulher como eu. As palavras "medo de uma mulher como eu" estavam impregnadas de desdém. Era um medo baixo, ardiloso, perverso, desprezível, nojento. Um homem que sentia medo de uma mulher como eu merecia o tipo de açoite vocabular capaz de deixá-lo paralisado da cintura para baixo.

Eu não frequentava o lado de lá da Shattuck Avenue, mas não tinha dificuldade para encontrar os homens com a mistura de fraqueza e força que libera atração sexual. Claro, satisfação de verdade era uma coisa impossível de obter. Sempre havia algo de errado com essas relações. Mary McCarthy escrevera sobre os homens por quem suas dublês literárias se apaixonavam: quando eram inteligentes, tinham um aspecto engraçado; quando eram viris, eram burros. Essa equação funcionava como uma sabedoria duramente adquirida para mim e para muitas de minhas amigas. Citávamos McCarthy triunfantemente umas para as outras. As frases elegantes dela elevavam nossa situação do nível da queixa para o da verdade indiscutível.

O que eu não conseguia registrar era o seguinte: em cada um desses casos amorosos eu percebia em mim mesma um elemento ineludível de controle. Se o homem fosse baixo, burro, tosco ou estrangeiro, eu me sentia superior o bastante para arriscar ternura. Eu podia me sentir socialmente pouco à vontade, mas ficava liberada. O amor era um pântano de proporções aterradoras. Um pântano que recobria o solo assim que eu abandonava o território sólido da desolada e bendita solidão. Ir para a cama com um homem era começar a me afogar na dependência. Algum elemento nivelador era uma necessidade absoluta: não relativa, mas absoluta.

Stefan não era nem burro nem ignorante, mas baixinho, estrangeiro e artista. Vacilava, tentando encontrar as palavras, seu inglês não era fluente, desenvolvia um trabalho que eu não tinha como avaliar, mas que mesmo assim me sentia à vontade para ver com ceticismo. Além disso era um católico não praticante dotado de um zelo missionário pela pintura que apelava fortemente para meu próprio moralismo ardoroso. Foi o que inclinou a balança para o lado do casamento. Nós nos conhecemos certa noite numa festa em North Beach, não longe da escola de arte onde ele estudava, e imediatamente começamos a discutir o significado da Arte, o privilégio de ter a oportunidade de servi-la, a promessa e a glória, o significado e a transcendência. A conversa nos hipnotizou. Passamos a nos ver com frequência para nos ouvir falar uma e outra vez aquelas palavras mágicas. Não demorou para eu começar a imaginar uma vida juntos, intensa e elevada, dedicada à ideia da Grande Obra.

E ele? O que queria de mim? A mesma coisa, a mesmíssima coisa. Eu, pelo jeito, me encaixava perfeitamente na paisagem da vida imaginada *dele*. Era uma estudante de pós-graduação em literatura: isso era bom. Era uma judia moralizadora raivosa: melhor ainda. Eu me prostrava diante do altar da Arte: isso era o melhor de tudo. Dizíamos um para o outro que com a estabilidade da vida em comum cada um de nós poderia realizar a obra notável que sabíamos que estávamos fadados a realizar. Foi um casamento nascido da fantasia espiritual. Não queríamos um ao outro nem química nem romanticamente. Nosso suplício era que teríamos de viver para chegar a essa conclusão tão simples.

Telefonei para casa e anunciei que ia me casar. Na outra ponta da linha, minha mãe ficou muda. Quando encontrou a língua foi para me recriminar por aparecer com um gói. *Mas, mãe! Somos comunistas!* Ela se acalmou e me perguntou quando eu ia voltar para Nova York e que tipo de casamento queria. Em casa, falei, rindo. *Obrigada, mãe.*

Voltei e ela me prendeu num abraço duro, bravo. Ela *havia* tentado, mas a todo momento sua cabeça se inflamava — exatamente por quê, acho que nem ela sabia. Ah, claro, eu ia me casar com um gói. Estava felicíssima. Comecei a me sentir assediada. Agora o desejo de casar com Stefan ficou maior do que qualquer coisa que eu pudesse desejar na vida, pensei. Precisava lutar pela integridade de meu amor contrariado, lutar com minha mãe até a morte. Mas no meio do dia eu era sempre tomada por uma crise de náusea e o caos tamborilava dentro da *minha* cabeça. O que eu estava fazendo? Por que ia me casar? Por que estava me casando com *ele*? Quem era *ele*? Eu ia me apresentar a um juiz e fazer um juramento, chamar aquele homem de marido, adotar o nome dele... Senti que estava dando um mergulho... Não pense no assunto, agora é tarde, tarde demais. Se ela vencer esta, você está perdida.

Uma atividade insana tomou conta de nossa cozinha na véspera do casamento. Todo mundo participou: Sarah, a sra. Zimmerman, Marilyn e a mãe, limpando, cozinhando, rindo, falando. Quando me lembro do meu casamento, acho que a única diversão espontânea aconteceu na véspera, nos preparativos para a festa na cozinha. Ou melhor, *elas*, as outras mulheres, se divertiram. Eu não, nem mamãe. A fisionomia dela era uma máscara de agonia. Minha mãe trabalhou muito e bem, ajudou todo mundo, respondia quando falavam com ela, mas estava rodeada por uma nuvem de depressão. A presença viva e cálida de minha mãe havia desaparecido. Em seu lugar estava aquele ser distante posando de mãe. A ansiedade dela era intolerável para mim. Me deixava doida. Eu precisava que ela reagisse, que estivesse ali comigo. Tinha *necessidade* daquilo. Quando não obtive o que precisava, caí numa ansiedade toda minha que me deixou praticamente sem fala. Doente de medo e pânico, eu circulava entre as mulheres com um sorriso pálido: me esforçando *tanto*, pensei. Mamãe e eu viramos protagonistas funcionando em dupla naquela cozinha. As outras mulheres foram extremamente acolhedoras, falavam conosco com muito jeito, como se faz com pessoas potencialmente desequilibradas. Irritada, pensei: Essa puta está estragando tudo para todo mundo. Mas depois percebi que a conversa das outras tinha a naturalidade e a crueza, a vivacidade e a malícia de sempre. Eu era a única que estava sendo arrastada para baixo. Só eu reagia à agonia malvada de mamãe com outra agonia ainda mais malvada de minha própria autoria.

No fim da tarde, de repente ficamos sem farinha e sem açúcar. Mamãe tirou o avental e disse que precisava tomar um ar e que iria até a mercearia. Eu não tinha condições de deixá-la fora da minha vista. "Vou com você", falei. Ela concordou sem dizer uma palavra, como se não esperasse outra coisa.

Saímos de casa e andamos quarteirão acima. Era no fim de agosto. Eu estava com um vestido fino que já tinha dado o que tinha que dar. A bainha se desmanchara naquela manhã e eu a prendera com alfinetes. Agora, enquanto andávamos, uma brisa leve balançou o vestido e expôs os alfinetes. Minha mãe disse com voz brusca: "O que *é* isso?". Acompanhei o olhar dela. "A bainha desmanchou esta manhã." Dei de ombros. "Não encontrei a caixa de costura." Exatamente naquele momento, na rua, a meio caminho entre nossa casa e a mercearia, ela perdeu a razão.

"Você é deplor*áv*el!", ela gritou para mim. "Deplorável! Olhe para você. Olhe só para você. Que relaxamento! É isso que você é. Uma relaxada! Será que um dia aprende? Acha que vai aprender? Pois não vai." As pessoas começaram a se virar na rua para olhar para nós. Ela não percebeu. De repente seu corpo estremeceu. Sua pele perdeu a cor. Minha mãe quase encostou o rosto no meu. "Ele nunca vai se casar com você", sibilou.

A dor no meu peito estalou e se abriu, uma agitação assustada se espalhou rapidamente e ocupou o espaço recém-aberto. Ela estava com ciúme, santo Deus, ela estava com ciúme. Não era só o fato de eu estar me casando, era que aquele gói charmoso ia me levar para fora, para o mundo. Eu via aquilo nos olhos dela. Ficamos ali, imobilizadas. Senti que meu rosto ficava cinzento como o dela. Sem pronunciar uma palavra, nós duas afastamos os olhos uma da outra e retomamos a marcha rumo à mercearia.

Do bolo à música, passando pelas roupas, o casamento foi mesmo feito em casa. Empurramos os móveis para os quartos, abrimos as portas de vidro que separavam os dois cômodos centrais, instalamos uma mesa com comida numa das pontas, um amigo que tocava acordeão na outra, e no meio um bando de gente comeu, bebeu e dançou, festejando com animação cerimonial. Muito depressa a atmosfera gerou calor, intimidade, afeto filial. Os únicos estranhos presentes eram Stefan e eu. Permanecemos juntos numa ilha no meio do aposento. Nela, cada um de nós estava só. Ele não tinha um único amigo à vista e todo aquele iídiche o deixava terrivelmente constrangido. Eu tinha, sim, amigos à vista, mas a tensão na fisionomia de Stefan criava uma barreira entre mim e eles. O que nos aproximara e nos empurrara até aquele momento se transformara de repente numa abstração desesperada. Não conseguíamos nos integrar nem nos contrapor à força do ritual herdado que se encenava naquele momento em nosso favor. Para completar meu isolamento, havia a visão de mamãe num vaivém incessante de provimento de comida, olhos soturnos, sorriso grudado na boca, mão estendida à frente com a palma para cima para evitar cumprimentos.

Stefan e eu voltamos para a Califórnia e nos dedicamos à tarefa de transformar um apartamento de cinco aposentos no bairro de North Beach num lar. O local era uma ruína (paredes se desmanchando, tetos descascando, pisos quebrados), mas os cômodos tinham boas dimensões e a luz era transformadora, e acho que imaginamos que no fim daquele projeto estaríamos transformados num casal de verdade. Pusemos mãos à obra de coração leve com a perspectiva do trabalho a realizar e coração pesado porque todos os dias e todas as noites tínhamos de lidar com a realidade aterradora à qual um impulso errático nos atrelara. Pela primeira vez percebemos a que ponto éramos estranhos um ao outro. Eu não tinha um único osso boêmio no corpo, ele não tinha um único que não fosse rebelde no dele. Eu era incapaz de tolerar a incoerência no ambiente físico, ele era incapaz de tolerar um aposento com ar de pronto. Eu venerava a clareza de pensamento, ele era atraído pela revelação mística. Todo dia trazia consigo longos momentos de infelicidade que exigiam horas para se dissipar. Toda noite íamos para a cama levando conosco nossa confusão, nossas aspirações, nossa intensidade paralisante. Só raramente nossos corpos nos proporcionavam alívio, e durante não mais que uma hora. Era minha primeira experiência de amor sexual como catarse, um amor no qual estamos tão sós pela manhã quanto na noite anterior.

O apartamento tinha uma área total generosa, mas os cômodos eram relativamente pequenos, o que era um problema para a instalação do estúdio de Stefan. Havíamos combinado quando nos casamos que para consolidar nossa vida e economizar, ele abriria mão do espaçoso porão onde morava e trabalhava e transferiria o estúdio para nosso apartamento. Achamos que um dos quartos, situado numa das extremidades do apartamento, com jeito de torre e janelas em toda a volta, seria a solução ideal. De repente, percebíamos que na verdade a área do quarto-torre era mínima. Ah, tudo bem, vamos pensar no assunto quando chegar a hora. Enquanto isso, decidimos começar pela cozinha, logo depois da porta da frente, e ir avançando gradualmente. Era o procedimento lógico a adotar, eu disse. Claro, Stefan concordou, *era* o procedimento lógico a adotar. Agora, quando volto a pensar no assunto, vejo que aposento após aposento construímos a distância, medimos a deriva, implementamos a perda.

Era uma cozinha ampla, à moda antiga, com três janelas altas, uma grande pia rasa numa bancada alta de madeira, e um banco e uma mesa integrados a ela. Rebocamos, pintamos e pusemos linóleo. Depois que ficou tudo pronto, com a mesa e o banco branquíssimos, Stefan pintou uma larga faixa laranja acompanhando a borda da mesa. Aquele laranja… No mais doloroso dos dias aquele laranja, firme e vivo, sustentava meu coração, clareava meu espírito. Muitas vezes, ao relembrar o apartamento, aquela faixa laranja em torno da mesa da cozinha é a primeira coisa que vejo. Logo atrás vêm as trevas.

Foi na cozinha que comecei a compreender o significado da palavra esposa. Lá estávamos nós, um casal de vinte e quatro anos de idade: num dia uma estudante de pós-graduação e um artista plástico, no dia seguinte marido e mulher. Antes, sempre levávamos juntos para a mesa nossas refeições improvisadas. Agora, de repente, Stefan passava os fins de tarde em seu estúdio desenhando e lendo, e eu ia para a cozinha e me esforçava para preparar e servir uma refeição que, na opinião de nós dois, deveria ser boa. Lembro-me de levar uma hora e meia preparando um guisado horroroso que tirei de uma revista feminina e que nós dois devoramos em dez minutos, e depois ficar uma hora limpando a bagunça, contemplando a pia e pensando: É assim que vai ser nos próximos quarenta anos?

Descobri que tinha pavor de cozinhar: era incapaz de captar o valor social da coisa, passava horas tentando entender por que tinha que ser eu quem se encarregava da providência que atendia a uma necessidade dos dois por igual, e permaneci teimosamente incompetente por um período muito mais longo que o necessário. Mesmo assim, certa manhã, com três meses de casamento, Stefan me disse: "Seu café é um desastre", e fiquei arrasada. Até aquele momento nenhum de nós dois se preocupara com café bom ou café ruim ou com quem havia feito o café, bom ou ruim. Agora, de repente, o café ruim que estava sobre a mesa era uma deficiência minha. Induzida a corrigir a falha declarada, fui até um café italiano no meio do quarteirão e disse tristemente aos aposentados que estavam por ali dando um tempo: "Meu marido acha que meu café é muito ruim". No mesmo instante eles me cercaram. Um deles declarou que devia ser por causa do pó, outro que era a vasilha, outro que era a água. Comprei uma cafeteira nova, de filtro, café em grão, água mineral. Nada: o café continuou péssimo. Muito fraco, muito forte, muito suave, muito amargo: interessante às vezes, jamais delicioso. Uma noite, numa festa, um pintor com o dobro da minha idade me disse com voz cansada: "O segredo está nas proporções. Acerte nas medidas e seu café ficará ótimo, garanto". Ele estava certo. Aprendi a medir, e a tortura do café chegou ao fim tão subitamente quanto começara: como se eu tivesse atravessado um trecho de névoa numa noite em que a visibilidade já era baixa.

O fato de engolirmos sem discutir essas reações estereotipadas aos vocábulos marido e mulher era uma medida de nossa juventude e ignorância. Nossas próprias fantasias com respeito à normalidade não iam nessa direção. À medida que nos movíamos do quarto para a sala, para o estúdio, para o outro estúdio, sentíamos de forma cada vez mais contundente a real dificuldade do trajeto que havíamos empreendido, a mágica que o fato de se casar deveria operar. Víamos a nós mesmos antes de mais nada como pessoas que valorizavam muito o trabalho criativo. O apartamento reformado deveria ter o sentido de uma declaração de intenções; deveria espelhar a nobreza de nossa solidariedade. Por alguma razão, porém, o lugar se recusava a se concatenar. Não conseguíamos entender por quê. Cada aposento que aprontávamos parecia permanecer pendurado no ar, ficar nitidamente separado, sem fluxo nem intimidade. Nós nos perguntávamos — sei que Stefan tentava tanto quanto eu — o que estaria dando errado, mas não tínhamos condições de ir além disso: perguntar-nos. Flutuávamos para cá e para lá naquele vestíbulo central, entrávamos naqueles quartos de múltiplas janelas, circulávamos de um para o outro em busca de uma integração esquiva que decerto sentíamos que havíamos extraviado em algum lugar.

Quase todos os apartamentos de estudantes de pós-graduação estavam entupidos de cerâmica mexicana, tapetes de palha, colchas indianas xadrez. Sugeri que evitássemos tudo isso. O quarto, por exemplo, falei, deveria ser fresco e revigorante, um abrigo, um local para a recuperação das forças. (Recuperação do quê?, pergunto-me hoje.) "Que tal pintarmos as paredes de cinza-claro", sugeri, "fazer o contorno das janelas em branco e cobrir a cama com uma colcha cinza-azulada?" Stefan achou a ideia original e na hora começou a trabalhar ao meu lado para concretizar esse plano, mas quando chegamos ao fim havia alguma coisa fora do lugar. O quarto não se tornara um espaço agradável onde ficar. Uma vez mais, perguntamo-nos. Todos os itens que havia nele eram tão bonitos! Se aquele era um quarto no qual noite após noite reencenávamos nosso fracasso em estabelecer uma conexão, se as paredes cinza-claras estavam salpicadas de solidão e se a colcha cinza-azulada de algodão nunca adquiria o amarrotado da espontaneidade, eram pensamentos para os quais literalmente não dispúnhamos de frases.

Com meu escritório era a mesma coisa. Compramos uma mesa de madeira antiga que achei que daria uma boa escrivaninha, e uma cadeira de ripas combinando. Construímos estantes, fixamos um quadro de avisos, colocamos uma cadeira de balanço perto da janela e uma vez mais escolhemos uma cor que considerei calma e ao mesmo tempo animada para as paredes. Agora sim, nós dois declaramos, agora sim eu ia trabalhar. Mas a mesa era alta demais, grossa demais, a cadeira me parecia dura e desajeitada, o quadro de avisos permaneceu estranhamente vazio, e a cor das paredes me deixava tensa: um bege que na lata parecia quente na parede ficou sem graça. Depois, havia o problema dos livros. Stefan tinha sugerido que misturássemos nossos livros e, para minha própria surpresa, me ouvi dizer: "Não. Quero que meus livros continuem separados". Ele ficara muito vermelho e não dissera nada. Vi que tinha se ofendido e meu primeiro impulso foi voltar atrás, mas o impulso não foi suficientemente forte para me fazer passar à ação. Os livros do escritório continuaram sendo só meus, mas eu já não sentia prazer em contemplá-los. Quando me sentava na cadeira de balanço e meus olhos percorriam as estantes em busca de alguma coisa para ler, sentia a sombra de um mal-estar ao lembrar a trabalheira que Stefan havia tido para montar as prateleiras e me ajudar a arrumar os livros. O mal-estar dificultava a leitura e, na verdade, até o pensamento naquele cômodo.

A sala de estar era uma área de contenção. Acho que nós dois tínhamos conhecimento disso, mesmo na época. Pusemos um tapete de palha, enfiamos flores de papel em potes de argila, jogamos uma manta de listras coloridas sobre o divã. O único detalhe original não era funcional. Descobrimos uma mesa de centro de tampo de vidro numa das lojas da Legião da Boa Vontade. Estava com o vidro desbotado e a base de madeira lascada em vários lugares. Stefan lixou a madeira. Derramou uma boa quantidade de tinta cor de terra de siena sobre o tampo de vidro, depois outro tanto de tinta branca. Em seguida se instalou ao lado da mesa com um pincel na mão e começou a dirigir os dois montes de tinta em movimentos circulares, como um maestro faz com a orquestra, rindo encantado, mas trabalhando com concentração (cada aplicação de tinta merecia sua atenção plena). O resultado foi uma abstração vibrante instalada no meio da sala. A tinta ficou tão fantasticamente incrustada que não havia possibilidade de uma xícara de café escorregar.

A mesa pintada, tal como a faixa laranja, era um ponto de entusiasmo que dava vida à melancolia que se acumulava naqueles aposentos de formato pouco convencional em que a luz entrava por quinze janelas. Em princípio concordávamos em tudo, mas na vida cotidiana parecia que nunca queríamos as mesmas coisas ao mesmo tempo. Cada um começou a ver a si mesmo como alguém que estava sempre cedendo ou se conformando. Invariavelmente, um de nós se sentia forçado a fazer o que não queria. A única coisa que eu desejo é uma vida normal!, exclamava para mim mesma. Por que é tudo tão difícil? Por que estamos sempre bravos ou sendo enfáticos? Tendo discussões sobre isso, aquilo ou aquilo outro e ficando magoados?

Meu próprio comportamento me parecia perfeitamente razoável. Já o de Stefan me deixava perplexa. Era teimoso e travado, eu achava. Sobretudo aos domingos. Neles, Stefan passava o dia inteiro em seu estúdio (primeiro na faculdade, depois, mais tarde, em casa). "Mas domingo", eu reclamava, "supostamente é o dia que passamos juntos." Então por que me casei?, era o que me passava pela cabeça. "Nesse ponto não tem acordo", ele dizia. "Preciso passar o dia no meu estúdio. Olho para a tela, estudo a obra, me recupero. Não posso ir em frente com a semana se não tiver esse dia para mim mesmo. Procure entender." "Quem sabe parte do dia, então?", eu tentava agradá-lo. "Trabalho pela manhã e passeio comigo à tarde." Ele olhava para mim, os olhos azuis frios e indevassáveis. "Não", dizia. "Preciso do dia todo." Depois dizia: "Por que você não trabalha também?". Era minha vez de fazer cara de nada. "Mas hoje é domingo", eu repetia. A frieza deu lugar à zombaria. "Só uma burguesa precisa de caminhada aos domingos", ele dizia, "artistas não." Com isso, eu saía batendo a porta.

Na manhã da sexta-feira em que íamos começar a trabalhar no estúdio de Stefan, tivemos uma briga declarada, já não lembro a razão, mas fiquei profundamente ofendida. Em vez de começar a rebocar e pintar junto com ele (como Stefan havia feito no meu estúdio e em todos os outros aposentos do apartamento), recolhi-me em uma depressão negra da qual não havia jeito de sair. Passei três dias sem conseguir reagir, quase sem conseguir falar. Vagava sem rumo pelo apartamento ou andava pelas ruas da cidade. Stefan trabalhou sozinho no estúdio. Toda vez que eu saía do apartamento, ou ao voltar, olhava para a outra ponta do vestíbulo central e o via pela porta aberta, trabalhando hora após hora, imerso num silêncio solitário, sobre uma escada, raspando o alto dos caixilhos das janelas altas naquela peça redonda inundada de luz. Eu estava afogada em arrependimento. Desejava ser extraída de minha própria rigidez, queria ser convencida a fazer as pazes. Só mais tarde me dei conta de que Stefan devia estar muito irritado com o fato de eu me recusar a trabalhar em seu quarto quando ele mesmo nunca teria recusado, independente de como se sentisse, a trabalhar no meu. Ele não falava. Eu não falava.

Na segunda-feira, recuperei a faculdade da fala e comecei a trabalhar ao lado dele no estúdio, mas continuávamos engasgados por dentro. Durante o jantar fomos educados um com o outro, e mesmo depois, durante uma hora, na sala. Então Stefan foi para a cama e eu fiquei acordada lendo. Quando me deitei ao seu lado, ele estava dormindo ou fingindo que dormia. Nos dias que se seguiram, aquela cortesia horrorosa deu lugar a uma espécie de consideração estressada. O estresse, como uma ligeira infecção, é tolerável. Habituamo-nos a uma atmosfera de tensão doméstica que eu acreditava que acabaria por se dissipar. Ao acordar, eu dizia para mim mesma: "Hoje. Hoje a coisa chega ao fim". Depois saía da cama e o ar começava a se impregnar daquela desgraça molecular leve.

Eu estava sentada na cadeira de balanço contemplando o espaço. Stefan entrou e sugeriu que fôssemos dar uma caminhada. Ergui o livro do colo e disse que não, que precisava terminar o capítulo. Na noite seguinte ele sugeriu um cinema. Não, eu disse, estava muito cansada. Na terceira noite havia uma festa na faculdade. "Vá você", eu disse, "não estou em clima de festa." Ele ficou parado na porta por um longo momento, olhando para mim. Depois começou a gritar.

"Tudo o que sugiro está errado! Ou será que o errado sou *eu*? Hein? É isso? Não importa o que eu faça está sempre errado, porque o errado sou eu. Não é mesmo? É assim que eu me sinto, por sua causa. O tempo todo. Não só agora. O tempo todo. Você está sempre insatisfeita, sempre desapontada. Com tudo. Não se esforça para melhorar as coisas, simplesmente fica aí sentada nessa maldita cadeira de balanço com cara de desapontada."

Minha mãe e eu estamos passando pelo Plaza Hotel ao meio-dia a caminho do parque, onde vamos almoçar. Na frente do hotel, reunido em torno da fonte, há um enxame de gente: pessoas sentadas, em pé, andando até a calçada para comprar kebab, refrigerante, pretzel, falafel, rolinho primavera e cachorro-quente. Levam lanches embrulhados em papel-alumínio, bebidas em garrafas plásticas, assistem às apresentações dos artistas de rua que passam o chapéu: dançarinos de break, mímicos, quartetos de corda. Um dos que não passam o chapéu é um pregador fundamentalista que anda de um lado para outro na frente da fonte, berrando para esse ou aquele no meio do público: "Você vai direto para o inferno! Não vai amanhã, não vai esta noite, *vai agora mesmo*!". O homem comete o engano de parar minha mãe. Ela o afasta com um brusco "Qual é o *seu* problema?" (não tem tempo para ele), sem parar de andar.

Eu rio. Hoje estou exultante. Hoje *sou* uma artista de rua. Sempre admirei a coragem, o talento, o autocontrole daquele que se apresenta com sucesso à multidão de pedestres nova-iorquinos. Ontem à noite falei numa grande manifestação pública na cidade: ocupando um lugar nas trincheiras a favor do feminismo radical, também sem passar o chapéu. Falei bem e claramente, e tive perfeito domínio do público. Às vezes não consigo, mas ontem à noite consegui. Ontem à noite todo o treino que adquiri fazendo esse tipo de coisa estava ao meu dispor, e eu tinha consciência disso. Foi o fato de ter consciência que me deu clareza de ideias, lucidez, que me tornou expansiva e expressiva. A multidão estava sendo sensibilizada. Senti que era assim, depois tive a confirmação do que havia sentido.

Minha mãe estava entre o público. Não a vi depois de minha fala porque fui cercada e levada para outro lugar. Hoje, exatamente agora, é a primeira vez que nos vemos desde que subi ao palco ontem à noite. Neste momento ela está sorrindo para mim, rindo comigo pelo prazer do dia, pela multidão, por Nova York em ação por todo lado. Estou condizentemente na expectativa. Ela está a ponto de me dizer como estive fantástica ontem à noite. Abre a boca para falar.

"Adivinhe com quem eu sonhei esta noite", minha mãe me diz. "Com a Sophie Schwartzman!"

Sobressalto-me, desequilibro-me. Por aquela eu não esperava. "Com a Sophie Schwartzman?", repito. Por baixo de minha surpresa, uma semente de pânico começa a crescer no dia luminoso, luminoso.

Sophie Schwartzman tinha morado por alguns anos em nosso prédio, e ela e mamãe haviam sido amigas. Depois que os Schwartzman se mudaram para outra área do Bronx, nossas famílias continuaram a se encontrar porque as duas gostavam uma da outra. Os Schwartzman tinham três filhos: Seymour,

Miriam e Frances. Seymour virou compositor famoso e trocou o nome para Malcolm Wood. Miriam cresceu e virou mãe. Frances, uma garota bonita com "ambições", casou com um homem rico. Sophie morreu faz uns dez anos. Há mais de vinte anos não vejo nenhum dos filhos dela.

"Sonhei que estava na casa de Sophie", diz minha mãe, atravessando a rua 59. "A Frances entrou na sala. Havia escrito um livro. Me pediu para ler. Li e não me entusiasmei muito. Ela ficou muito zangada. Gritou com a mãe: 'Nunca mais deixe ela entrar aqui'. Me senti muito mal! Fiquei com dor no coração. Falei: 'Sophie. O que é isso? Quer dizer que depois de todos esses anos eu não posso mais vir aqui?'" Minha mãe se vira para mim quando chegamos à calçada e, com um enorme sorriso no rosto, diz: "Mas depois foi tão maravilhoso! Acordei e tudo não passava de um sonho".

Meus pés parecem ter pesos de chumbo. Faço força para conseguir colocar um na frente do outro. Minha mãe não percebe que diminuí o passo. Está absorta em sua própria narrativa.

"Foi esta noite que você sonhou isso, mãe?"

"Foi."

"Depois da minha fala?"

"Bom, sim, é claro. Não *imediatamente* depois. Quando cheguei em casa e fui dormir."

Entramos no parque, encontramos um banco, sentamos, pegamos nossos sanduíches. Não digo nada. Cada uma de nós devaneia do seu lado. Depois de algum tempo, minha mãe diz: "Imagine só, sonhar com a Sophie Schwartzman depois de tantos anos".

Pouco mais de um ano depois de meu casamento com Stefan, o telefone tocou à meia-noite. Atendi, falei alô e do outro lado a voz de mamãe soluçou meu nome.

"Mãe, o que aconteceu?", gritei. "O que aconteceu?"

"A Nettie", disse minha mãe, chorando. "A Nettie. Ela morreu!"

"Ah, mãe! Ai, meu Deus."

"Câncer. Ela estava com câncer no estômago."

"Eu não sabia que ela estava doente."

"Nem eu. Foi tudo tão rápido. Você sabe que não falo com ela, faz anos que não ponho o pé no apartamento ao lado, não estava sabendo de nada. Ela passou semanas com dores no estômago. As dores acabaram ficando tão fortes que o Richie tocou minha campainha e me pediu para chamar uma ambulância. De modo que aí eu entrei. Ela estava lá deitada, toda encolhida, uivando feito um bicho. A ambulância chegou e a levou. Faz três semanas. Ela morreu esta tarde."

"Você foi visitar Nettie no hospital?"

"Não. Não fui."

"Por que não?"

"Não consegui. Simplesmente não consegui."

"Essa porcaria do seu orgulho."

"Ahhh…", disse ela. Pude ver sua mão cortando o ar ao lado do telefone. "Que criança você é. Não entende nada."

"Entendo que você deixou a Nettie morrer sozinha, com ninguém ao lado fora o Richie. Isso eu entendo muito bem."

Silêncio. Dos dois lados.

"Não consegui ir. Simplesmente não consegui."

Mais silêncio.

"Ela estava podre por dentro", disse mamãe. "Toda comida. Todos aqueles homens, eles comeram Nettie por dentro."

"Pelo amor de Deus, mãe! Você acredita mesmo nisso? Acha que sexo dá câncer?"

"*Ela estava com câncer, não estava?*"

"Ah, mãe…"

"Não me venha com 'ah, mãe'. Sei do que estou falando."

Desliguei e me recostei com cautela. Um peso sólido se depositara sobre meu peito. Se eu me movesse depressa demais, talvez se simplesmente me movesse, todo o ar de meus pulmões seria expulso por aquele peso esmagador e eu sufocaria. Stefan se comoveu, pelo que já ouvira falar de Nettie. Acariciou meu rosto, meus ombros, e me beijou muitas vezes. Depois acariciou meu peito, minha barriga, minhas coxas. De repente fomos tomados por um violento erotismo. Fizemos um amor bruto, e gritei. O peso foi removido.

Temporariamente eu estava livre da dor da morte de Nettie, mas não da culpa sombria que ela própria despertava em mim. Ao me deitar pela terceira vez naquela noite, vi o rosto de Nettie flutuando no escuro diante de mim, como sempre com os lábios bem apertados, os olhos fixos à frente em desaprovação. A evocação de sua imagem tinha o efeito invariável de me deixar ansiosa e estranhamente envergonhada.

Nos anos transcorridos entre sua briga com mamãe e meu casamento, eu praticamente não pensava em Nettie. Não era preciso. Tal como o apartamento, a mobília, a rua, ela apenas estava ali, mesmo sendo muito raro que nos víssemos (aquela briga foi minha primeira demonstração da distribuição psicológica do espaço partilhado). Depois de meu casamento, Nettie parecia estar sempre no limiar dos meus pensamentos, em especial quando Stefan e eu fazíamos amor. Nessas ocasiões eu sentia a força de sua presença em toda a sua contundência, em toda a sua desaprovação. Ela se materializava no ar, como se quisesse me dizer: "Foi para isso que desperdicei com você meus conhecimentos tão duramente adquiridos?".

Por muito tempo, na verdade alguns anos, Stefan e eu descrevemos a tensão que havia entre nós como intensidade. (Tensão, sabíamos, era uma coisa negativa, mas intensidade — ah, intensidade! Nosso sexo era quase invariavelmente estreito e explosivo, uma liberação em maré montante da melancolia que impregnava tantos de nossos dias. Na verdade, a atmosfera de nossas primeiras disputas nunca chegara a se dissipar; pouco a pouco nos habituáramos a ela, como fazemos quando temos um peso no coração que limita nossa liberdade de movimento mas não impede a mobilidade: em pouco tempo passamos a achar natural andar com o corpo encolhido. A ausência de leveza entre nós passou a ser nosso natural. Podíamos viver com aquilo, e infelizmente vivemos. Não só vivemos com aquilo como adquirimos o hábito de descrever nossa dificuldade como uma questão de intensidade.

Era uma dificuldade crônica, não ocasional. Quase todo dia uma coisinha pequena fazia um de nós se descontrolar. Seguia-se uma discussão desrespeitosa e nós dois ficávamos magoados. Em vez de arejar a mágoa rápida e abertamente, nenhum de nós falava. Minutos, horas, dias se passavam em silêncio. Uma semana depois, a ansiedade tornava-se sufocante. Pela manhã nos separávamos aliviados, eu ia para o departamento de inglês, do outro lado da baía, Stefan ia para a faculdade de arte, no alto da colina. Durante o dia, meu sentimento de ofensa invariavelmente derretia. Tomada de terna afeição, eu fazia planos de entrar no apartamento, tomar Stefan nos braços, cobrir seu rosto de beijos e dizer: "Que maluquice é *essa*?". Mas no momento em que eu de fato entrava no apartamento, o rosto dele parecia feito de pedra, e a primeira coisa que eu o ouvia dizer era: "Você deixou a pasta de dentes destampada esta manhã"; diante do que eu girava sobre os calcanhares, entrava na cozinha, fazia um café e desaparecia em meu escritório. Às vezes Stefan entrava na cozinha enquanto eu estava preparando o café. Eu via uma veia grossa pulsando em seu pescoço enquanto ele bebia um copo de água, ou duas manchas brancas em suas bochechas. Mas eu não falava nada, nem ele. Eu me afastava levando meu café como se tivesse um trabalho importante a fazer. Em seguida deixava a porta do escritório cuidadosamente entreaberta. Se ele passasse, me veria sentada na cadeira de balanço contemplando o espaço, a perfeita imagem da acusação e da infelicidade. Por fim, quando o ar ficava tão espesso que mal conseguíamos respirar, um de nós quebrava o gelo. Em geral o Stefan. Ele se punha de joelhos diante da cadeira de balanço, envolvia minhas pernas com os braços e murmurava: "O que está acontecendo? Me diga". Com isso eu rompia em lágrimas, exclamava: "Não posso continuar assim! Não consigo trabalhar! Não consigo pensar!". E íamos para a cama.

Era sempre "Não consigo trabalhar! Não consigo pensar!". Era a sagrada invocação entre nós, a litania, o cântico, a admissão cerimonial que erotizava e restaurava. Ou era ele quem se desesperava: "Não consigo trabalhar!", ou era eu, e aquela frase estourava a câmara de compressão na qual nos havíamos isolado. A impossibilidade de trabalhar era a única admissão franca, destemida, que conseguíamos apresentar um ao outro. No próprio ato de anunciar tal fragilidade trazíamos para nossa memória a natureza superior de nossa sensibilidade comum e nos sentíamos a salvo do julgamento que ambos temíamos que o outro fizesse. Estar desgraçado em nome do trabalho era, em última instância, nos blindar um contra o outro.

Mesmo assim, aqueles anos foram um verdadeiro início para mim. Na verdade, bem que eu tentei sentar à escrivaninha e pensar. Quase sempre, fracassei miseravelmente. Quase sempre, não sempre.

No segundo ano de meu casamento, o espaço retangular fez sua primeira aparição dentro de mim. Eu estava escrevendo um ensaio, um texto crítico de estudante de pós-graduação que irrompera inesperadamente sob a forma de pensamento, pensamento bem torneado, luminoso. As frases começaram a forçar caminho em mim, lutando para sair, cada uma delas tratando de mover-se rapidamente para encadear-se à que a precedera. De repente me dei conta de que uma imagem tomara conta de mim: eu via claramente sua forma e seu contorno. As frases estavam tentando preencher aquela forma. A imagem era a totalidade do meu pensamento. Naquele instante senti que me abria por inteiro. Minhas entranhas recuaram, liberando a área de um retângulo feito de puro ar limpo e espaço desimpedido, um retângulo que começava em minha testa e terminava em minhas virilhas. No centro do retângulo havia apenas minha imagem, esperando pacientemente pelo momento de explicar-se. Naquele momento experimentei uma alegria que, estava segura, nada, nunca, igualaria. Nenhum "eu te amo" no mundo seria capaz de afetá-la. No interior daquela alegria eu estava segura e erótica, fora do alcance da ameaça ou da influência. Entendia tudo o que precisava entender para poder agir, viver, ser.

Claro que a perdi inúmeras vezes. Não apenas a perdi como acabei entendendo que tinha medo dela. Uma noite, numa festa em Berkeley, me reuni a um grupo de pessoas que fumavam maconha. Sentei-me no círculo e puxei o baseado quando chegou minha vez. Em segundos senti o retângulo se formar dentro de mim, irradiando uma luz brilhante, tremulando e balançando, não nítido e estável como em outras vezes. Um minuto mais e as paredes começaram a se aproximar. Eu sabia que, quando se encontrassem, o alento em meu corpo seria exalado e eu morreria. Fiquei ali sentada, num aposento lotado de amigos e conhecidos, com Stefan por perto, e disse com calma para mim mesma: Você está sozinha. Eles não entendem. Não há como fazê-los entender. Em alguns minutos você estará morta e nenhum deles tem como ajudá-la. Você está sozinha nisso, completamente sozinha. Eu não conseguia falar, mal conseguia respirar. Quando as paredes estavam prestes a se encontrar, o pânico me obrigou a ficar de pé.

"Estou passando mal", anunciei em voz alta, "estou passando muito mal. Ah, Deus, estou tão mal! Preciso de ajuda. Estou passando mal." Stefan me levou para casa, falando ternamente comigo ao longo de todo o caminho. Passei anos sem voltar a fumar maconha.

Stefan entendia mais de trabalho do que eu, mas não muito mais, acho. Era atormentado pela discrepância entre suas ideias de pintura e sua capacidade de executá-las sobre a tela, e dramatizava aquele tormento infinitamente. Costumava ter enormes chiliques em seu estúdio, fumando, maldizendo, jogando tinta na tela, mas nunca, parece-me, pensando seriamente nos problemas que tinha diante de si. A consciência de que trabalho é nada mais nada menos que esforço paciente e continuado ainda não fazia parte — nem para mim — de sua sabedoria adquirida.

Uma noite ele permaneceu um longo período diante de três pinturas. Depois começou a chutá-las até despedaçá-las. "Merda!", gritava para elas. "Tudo merda!" E saiu batendo a porta. Às duas da manhã alguém tocou a campainha. Lá estava Stefan, semimorto, nos braços de um pintor amigo dele. Fedia a vômito e merda, tinha os olhos fechados, seu corpo pendia, puxando o amigo para o chão. "Que diabo, Stefan!", gritou o pintor. "Levante-se!" O amigo olhou para mim, revirou os olhos para o teto e disse: "A bebida subiu tão depressa que eu nem me dei conta de nada. De repente ele saiu do bar e disparou rua acima soltando gritos de índio. Tentei segurar, mas ele é muito rápido quando fica desse jeito. Correu na direção de dois homens e de uma mulher que vinham pela rua. Antes de eu conseguir fazer alguma coisa ele já havia levantado o vestido da mulher e mordido a bunda dela. Os caras partiram para cima, decididos a acabar com ele. Mas nisso eu cheguei e…".

Olhei para Stefan, caído no chão no meio do nosso vestíbulo, e pensei: Quem é esse homem? O que eu estou fazendo aqui? Acho que nunca mais parei de pensar: O que eu estou fazendo aqui? Ele ficava bêbado e eu deprimida. Ele entrava em combustão e eu criticava. Ele retalhava suas pinturas e eu sentia desprezo e espanto.

Uma vez, quando a tensão entre nós dois já se acumulava havia uma semana, Stefan entrou no escritório onde eu estava sentada fazendo de conta que lia. Caiu de joelhos e abraçou minhas pernas. Olhei de cima para ele, ele olhou de baixo para mim. "E então?", perguntou baixinho. "Quanto tempo, desta vez?" Estendi a mão e ajeitei o cabelo dele que estava caído na testa. Stefan segurou minha mão e beijou a palma. Eu me levantei. Num abraço desesperado, nós nos movemos na direção do quarto. Eu via o rosto de Nettie no ar à minha frente, oscilando para trás e para a frente, num movimento de desaprovação. Não é isso que eu havia imaginado para você, dizia ela. Stefan e eu nos deitamos na cama. "Me ame!", ele sussurrou. Eu me apertei contra ele, segurei-o colado a mim. "Eu amo, amo", sussurrei de volta. E era verdade: até o ponto em que eu era capaz. Eu o amava, amava mesmo. Mas só até certo ponto. Para além havia algo opaco em mim, era tudo rígido. Eu podia ver a opacidade. Podia sentir seu gosto, podia tocá-la. Entre mim e meu sentimento por Stefan, talvez por qualquer homem — quanto àquilo eu não estava segura —, estendia-se uma espécie de membrana transparente através da qual eu podia sussurrar "Eu amo" e tornar o sussurro audível — sem, contudo, sentir coisa alguma. Nettie flutuou no ar. Sua imagem era sensível ao toque, cálida e viva. Eu estava bem diante dela, sem obstruções, sem interferências. O fato era: conseguia imaginá-la. Ela era real para mim, ele não.

Vivemos cinco anos juntos. Então, um dia, Stefan saiu de casa e nunca mais voltou. Nosso casamento estava encerrado. E por que não? Estávamos ambos cansados do confronto. Queríamos ambos dar um respiro em quartos livres daquela tensão opressiva. Queríamos aquilo mais do que queríamos estar juntos. Desmanchei o apartamento, vendi tudo o que havia nele, abandonei a pós-graduação (que para mim nunca deixara de ser uma abstração) e voltei para Nova York. Tinha trinta anos e me sentia aliviada por estar sozinha. Fui morar num pequeno apartamento num edifício antigo da Primeira Avenida e consegui um emprego escrevendo para uma revista semanal. Arrumei o apartamento. Num instante o local ficou acolhedor. Daquela vez as combinações de cor funcionaram: não houve surpresas no trajeto entre a lata de tinta e a parede. Mandei fazer uma escrivaninha do tamanho exato para mim: suficientemente alta, suficientemente estreita, suficientemente manipulável. Eu passava o dia trabalhando e à noite me deitava no sofá para ler. Muitas vezes, porém, perdia a concentração por ler depressa demais, e quando isso acontecia passava horas ali deitada, contemplando o espaço.

Naqueles anos, mulheres como eu eram chamadas de novas, liberadas, esquisitas (eu mesma preferia esquisita, prefiro até hoje), e na verdade eu era nova, liberada e esquisita durante o dia, sentada à escrivaninha, mas à noite, deitada no sofá olhando para o espaço, minha mãe se materializava no ar à minha frente como se dissesse: "Não tão rápido, minha querida. Ainda temos assuntos a tratar".

Estamos na Delancey Street, avançando para a Williamsburg Bridge. Minha mãe me surpreendeu quando telefonou para dizer: "Que tal dar uma caminhada comigo até o outro lado da ponte para visitar meu antigo bairro?". (Sua família havia se mudado para o Brooklyn poucos anos antes de ela conhecer meu pai, e Williamsburg foi o último bairro onde minha mãe morou antes de se casar.)

"Mas, mãe", digo, "você detesta o Lower East Side. Sempre se recusa a atravessar a Houston Street." (Quando parentes de Israel querem ir até a Orchard Street, ela vai com eles até a Houston, aponta para além das seis faixas de tráfego e se retira. "Já estou farta da Orchard Street", diz a eles.)

"Bem, para atravessar a ponte, dou um jeito de aguentar o East Side. Além disso, faz trinta anos que não piso na Delancey Street. Estou curiosa."

Quando atravessamos a rua apinhada, suja, cheia de imigrantes, hoje negros e porto-riquenhos, não judeus e italianos, ela fica maravilhada ao ver como tudo está mudado. Digo que nada mudou, só a cor das pessoas e a língua que falam. A agitação faminta em busca de alguma viração da Delancey Street — as lojas de roupa barata, as tabelas com os tamanhos dos sapatos todos misturados, as roupas de cama em oferta e os móveis a prestação, as mil lojinhas enfiadas em espaços mínimos vendendo balas, lâminas de barbear, cadarços e cigarros, lanternas e cordas de varal — continua lá.

Estamos quase na Essex Street e minha mãe diz: "Você se lembra dos Levinson? Será que a loja deles continua no mesmo lugar?".

Se me lembro dos Levinson!

"Claro que me lembro dos Levinson", digo. "É, acho que a loja continua no mesmo lugar."

"Algum dos meninos trabalha na loja? O mais novo, Davey, não era? Estou bem lembrada, ele se recusou a fazer o serviço militar. Vocês se conheceram mais tarde, não é mesmo?"

"É, ele se recusou a fazer o serviço militar. É, eu o conheci."

"E ainda o vê às vezes?"

Há dez anos, na rua 14, um homem de corpo robusto, meio careca, vestindo um paletó disforme de tweed, com a testa alta e pelada rodeada por caracóis escuros e macios, de olhos também escuros e apertados atrás de óculos de armação preta, disse para mim, hesitante: "É você?". Parei e dirigi um olhar duro para o desconhecido.

"Davey", falei. "Davey Levinson."

Ele sorriu para mim. "O que você anda fazendo?"

"Sou jornalista, Davey. Trabalho em jornais e revistas."

Ele me fitou. Tenho certeza de que não entendeu jornalista nem jornal. Depois falou: "Você gosta de Baudelaire?", e tirou um Baudelaire do bolso de tweed. "Você gosta de zen?", perguntou. "Também tenho zen." E puxou zen do outro bolso de tweed.

Três dias depois, fomos parar na cama. "Tem um monte de coisas que eu não consigo fazer", disse Davey, "mas uma coisa que eu sei fazer é trepar." E não estava mentindo. Mergulhamos juntos naquilo e permanecemos mergulhados durante seis meses.

Faço que não com a cabeça. Não, não vejo mais o Davey.

"Que turminha, aquela", minha mãe ri quando nos aproximamos da antiga loja de roupas dos Levinson, na Essex, esquina com a Delancey. "Você se lembra de todos eles? Dos quatro meninos e da Dorothy? E dela, a mãe? 'Levinson', eu costumava dizer a ela, 'tire o saco de enema de cima da mesa antes que seu marido volte do trabalho, e aproveite e tire também os sapatos.' Mas ela não me ouvia. Simplesmente chorava porque ele não a amava. E dele, do Jake Levinson, você lembra? Dormia com todas as mulheres que entravam na loja. Não aparecia no lugar onde a família estava de férias nem uma vez durante o verão inteiro. Talvez em algum fim de semana. Ela ficava na cozinha, sempre naquele vestido caseiro úmido, e chorava e chorava porque ele não a amava e os filhos a chamavam de imbecil.

"Ela era tão linda, coitadinha", diz minha mãe, avançando em meio ao barulho e ao lixo da Delancey Street. "Morena e adorável, como os filhos. Mas gorda. *Ói*, como era gorda. Você se lembra de como ela era gorda? E com os anos foi ficando cada vez mais gorda. Uma vez vim até aqui fazer uma visitinha, ali, bem ali" — ela aponta para um ponto mais adiante na Essex Street —, "no apartamento que ficava em cima da loja. Você lembra? Veio comigo. Pensei: o corpo dela enche a sala inteira. Como vai fazer para sair, ou para voltar? Mas que coração bom! Ninguém tinha um coração tão bom quanto ela. Quando você adoeceu e eu fiquei aos pedaços de exaustão, ela passou a noite inteira ao lado da sua cama, cuidando de você, pondo cataplasmas de mostarda no seu peito. Você lembra? Era terrível! Ela só queria saber do Jake, e tudo o que conseguia era passar as noites tomando conta de crianças doentes."

A sra. Levinson passou o resto da vida cuidando das crianças, e, o que é pior, infinitamente pior, as crianças não lhe deram trégua. Gritaram, berraram, esmurraram as coisas, atiraram-se em sexo e drogas, escola noturna e casamento, e nenhuma delas saiu da Essex Street. Quando Davey e eu nos reencontramos, ele tinha um filho de dezesseis anos. Havia engravidado uma garota do bairro ("Trepei com ela em cima da pia da cozinha enquanto os pais ouviam a rádio iídiche na sala ao lado."), e aos dezenove já era marido e pai, morando um pouco mais adiante, no quarteirão onde viviam os pais dele. (Davey sobre a vida familiar: "Quando meu filho era bebê, minha mulher largava ele na cama sem nenhuma proteção. Falei para ela colocar travesseiros em volta dele. Ela falou que não. Uma noite a gente estava vendo televisão e eu ouvi um baque no quarto ao lado, um barulho que nunca vou esquecer. Entrei no quarto e ele estava caído no chão como uma barata virada de patas para cima, atordoado. Voltei para a sala. Acertei um direto na boca da minha mulher que acho que ela está sentindo até hoje".)

Estamos nos aproximando do acesso à Williamsburg Bridge. "Tanto trânsito!", exclama minha mãe. "Como a gente faz para atravessar a ponte? Estou confusa." Eu mesma estou confusa, a passarela não é fácil de achar. Dou voltas e mais voltas, circulando em meio a fumaça de escapamento e gordura de hambúrguer, rock tocando no rádio e mães aos berros. De repente a Delancey Street fica avassaladora. A amontoação frenética, o barulho e a urgência são opressivos. Fico ali parada, sentindo-me mal, e relembro no que se transformou o adorável Davey, opressivo quase do mesmo jeito: só ruído e desvario, uma efervescência de pobreza e desamparo.

Na época em que Davey e eu estávamos juntos, numa tarde de verão voltamos aos bangalôs do Ben. O lugar tinha virado uma coisa triste, silenciosa, poeirenta, abandonada ao desuso e à ausência de manutenção havia anos. No ônibus, Davey entrara num estado de espírito sombrio. "Eu diria que tive uma vida infeliz", afirmou. "Não só pelo que minha vida foi de fato, como pelo que minha vida *é*. Sou um cara frustrado. Não só porque não tenho os talentos criativos que gostaria de ter. Sou um cara frustrado porque as árvores não falam comigo, nem a grama, nem as flores. Sou um cara frustrado porque as moscas me confundem com uma boa bosta de cavalo." Quando chegamos aos bangalôs do Ben e começamos a andar pelo local deserto, ele disse: "Estou feliz por termos voltado a este lugar. Estou feliz por termos vindo e visto isto aqui abandonado, destruído, e o mato crescendo por toda parte, cobrindo tudo. Porque esta é a *verdade*. Estou feliz por termos vindo e visto a verdade. Se não tivéssemos vindo, talvez passássemos o resto da vida pensando que *nós* é que éramos o problema. Que nós é que não havíamos chegado lá, enquanto todos os outros, de alguma maneira, chegaram. Que só nós, de alguma forma, perdemos o rumo, pegamos o caminho errado, fizemos as escolhas erradas".

Davey sempre dizia "nós" quando falava comigo, como se nossas vidas e nossos destinos fossem os mesmos, e suponho que, enquanto eu estivesse dormindo com ele, tinha o direito de me considerar uma Levinson honorária. Só que eu sempre reclamava daquele "nós" e acabávamos discutindo.

Quando Davey e eu nos encontramos na rua 14, ele era assistente social, morava no projeto habitacional da Grand Street e trabalhava no escritório do bem-estar social de Chinatown. Fazia unicamente duas coisas: ir para o trabalho e ler. Lia no metrô a caminho do trabalho, em sua escrivaninha na hora do almoço e na cama depois do jantar — uma vasta cama de cabeceira de mogno encostada na parede de um quarto sem nenhum outro móvel. Lia Thomas Mann e Herman Wouk, Bernard Malamud e Rod McKuen, Dylan Thomas e Philip Wylie, Marcel Proust e Alan Watts. Para Davey, ler era um raio laser — agudo, focado, atento — perfurando uma vasta escuridão. Aos vinte e muitos anos, depois de se separar da mulher e do filho, descobriu a terapia — e a psicanálise se transformou no grande enredo da sua vida. Absorvia a linguagem e os insights da psicanálise de modo muito semelhante a como lia a literatura de primeira linha: ficava mais cultivado num vácuo.

Declarava, por exemplo, "Ira é medo", e comentava em três parágrafos fantasticamente concisos as razões pelas quais o elegante clichê continuava merecedor de nossa atenção. Soltava retalhos epigramáticos de sabedoria: "As pessoas são como bolas de sinuca depois que a bola branca as atinge, cada uma rola numa direção, batendo umas nas outras o tempo todo, empurrando umas às outras para fora do caminho, cheias de cobiça, inveja, violência, ciúme". E me fornecia instrução moral: "Você precisa observar sem culpabilizar nem elogiar, sem aceitar nem rejeitar". Essas alegrias da mente aparentemente nunca levavam a coisa alguma nem se relacionavam entre si de alguma forma relevante. A inteligência de Davey era como um trecho de ferrovia com as duas pontas secionadas da conexão principal, com um único vagão circulando para lá e para cá entre duas estações, numa imitação de movimento e trajeto.

Enquanto isso, eu não conseguia acreditar que estava dormindo com Davey Levinson. Toda vez que a gente ia para a cama eu me sentia ao mesmo tempo com doze anos e com trinta e cinco. Ficava louca por ele, aninhava-me nele, nunca me fartava dele. Dava sem medir e tomava sem medir. Fazíamos amor o dia inteiro, comíamos comida chinesa às três da manhã e jogávamos o joguinho da *New Yorker* de análise mútua. Mais adiante comecei a atacar e recuar, a investir contra ele como uma cobra, a me sentir abismada e ultrajada pelo fato de estar ali com ele (*Como pude andar para trás desse jeito, como pude andar para trás desse jeito?*), mas durante muitos meses tudo o que dizíamos e fazíamos me encantava.

Davey era uma recapitulação da minha história com os homens — enquanto achei que ele era forte, fui uma adversária canhestra; quando vi que era fraco, virei uma mulher desejosa —, com a diferença de que com ele, pela primeira vez, percebi a configuração como um todo. Via minha sujeição, e a libertação me envergonhava. A raiva e o pânico que eu sentia quando minha visão ficava clara! E que pesar, obter essa clareza por intermédio do Davey! Porque eu o conhecia. Conseguia imaginá-lo até o âmago. Amava seu apetite e reconhecia seus medos: eles eram também os meus. Sabia como Davey acabara sendo do jeito que era, e em sua presença sabia melhor como eu mesma acabara sendo do jeito que era. Durante algum tempo esse conhecimento partilhado nos tornou amigos. Havia entre nós uma ternura muda por nossa origem comum. Nosso jeito de dormir era emblemático de nosso relacionamento: enrolados um no outro, de frente um para o outro.

Numa segunda-feira pela manhã, quando íamos saindo, Davey me disse: "Espero que sua semana seja produtiva, construtiva e criativa". Concordei com a cabeça, pendurei-me nele, afundei os lábios em seu pescoço e murmurei: "Sem avidez, sem violência, sem inveja e sem ciúme". Seu rosto ficou vermelho, ele riu e me abraçou mais forte. Mas estava chegando o dia em que ele não haveria de rir, e certamente não ia me abraçar mais forte.

Eu confiei meus medos e minhas inseguranças a ele. Davey os levou a sério, como se espera que um amante faça. Mas não levou a sério o que significavam. Era comum eu viajar a serviço, ele estava sempre esperando que eu voltasse para casa. Acho que começou a se dar conta não só de que as dúvidas que eu alimentava a respeito de meu trabalho eram de longa duração e de que o trabalho ia me afastar dele muitas e muitas vezes, como de que ele próprio não tinha nenhum compromisso equivalente e nada *o* afastaria de mim.

Estávamos juntos havia seis meses quando Davey desapareceu. Fiquei sem notícias dele e não conseguia entrar em contato com ele nem por telefone nem pelo correio. Duas semanas se passaram. Aí um dia eu telefonei e Davey atendeu o telefone. Falei alô e ele começou a falar numa língua estranha. Uma estranha algaravia psicoespiritual e metafísica parecia ter se apossado dele. Eu só dizia: "Do que você está falando?". Finalmente, em voz alta e clara, ele disse: "Você precisa exorcizar o espírito do seu pai. Suas naturezas masculina e feminina estão puxando você cada uma numa direção. Você não é uma mulher inteira. Só posso me casar com uma mulher inteira".

Recebi essa informação em silêncio. Depois falei: "Bom... Enquanto isso... será que a gente não podia simplesmente foder?".

No sábado seguinte passamos vinte e quatro horas seguidas juntos, vinte e quatro horas exaustivas, obsessivas. Fizemos amor sem interrupção, e ele falou comigo sem parar. Dizia, uma e outra vez: "Eu sou o universo. Você precisa abrir bem as pernas, abrir seu útero para mim. Em mim tudo o que você é vai se reunir, toda a poesia, toda a delicadeza, toda a ternura, toda a agressividade, e tudo o que é vibrante, cintilante, vivo e belo no universo. Se você se casar comigo, seus filhos serão todos viris, robustos, poetas, fonte de música, cheios de majestade. Se não se casar comigo, eles serão veados e lésbicas, malvados e doentes". Ele cantarolou, sibilou e cuspiu em mim. Saímos de casa em algum momento para ir ao cinema. Sentado no escuro, sem ligar para o que se passava na tela, Davey agarrou meu braço e cochichou no meu ouvido: "O masculino e o feminino são unos. Você não quer permitir que eles sejam unos. Em você estão o masculino e o feminino, a luz e o escuro, o negro e o vácuo. Permita que eles se reúnam e você será una, será inteira, será tudo, a mulher e o homem, o humano universal".

Na terça-feira da semana seguinte eu sairia de Nova York a trabalho. Uma hora antes de eu partir, Davey telefonou.

"Não responda", ele me disse em voz sibilante. "Simplesmente ouça o que vou lhe dizer. Deixe que tudo flua através de sua mente do jeito que lhe ensinei. Deixe que flua, que atravesse sua mente. Depois você pensa a respeito."

Tossi.

"Não responda, já falei!"

Silêncio. Longo silêncio. Depois: "Seu pai era um bruxo, ele enfeitiçou você, fez você se sentir culpada, é por isso que você se sente uma *shmuck*, uma pessoa inferior. É essa sua verdadeira missão como repórter. Você viaja por toda parte para encontrar seu pai, ou seja lá o que for que ele representa. Quando encontrar, vai parar de viajar. Remova o retrato de seu pai que está na parede do seu quarto. É a feiticeira que há em você que o mantém pendurado lá. Remova o retrato e o deixe virado para a parede. Remova. E lembre: não conte a ninguém. Nem a sua mãe nem a seus amigos. A ninguém. Só a Deus". Ele parou de falar. Eu não ousava abrir a boca. Então ele disse: "Adeus. Amo você. Quando estiver pronta, teremos filhinhos e você vai se transformar na rainha de Israel".

Um mês depois Davey estava integrado ao judaísmo orto-doxo. De um dia para o outro se transformou num judeu do século XVIII envergando trajes pretos, cachinhos sobre as ore-lhas e uma vasta barba preto-acinzentada. Nós nos encontra-mos mais uma vez. Ele se debruçou por cima da mesa de um restaurante ultrakosher imundo da East Broadway para me avisar que eu precisava virar uma boa esposa judia, do contrário minha alma estaria perdida para sempre. Seu hálito em meu rosto era quente e azedo. Finalmente senti seu pânico e sua terrível ânsia. Dentro de mim mesma, esquivei-me dele com repulsa. Acabou, pensei, acabou mesmo.

"Ali tem um policial", está dizendo minha mãe. "Pergunte a ele como a gente faz para atravessar a ponte."

Com carros passando muito perto de nós em todas as di-reções, avançamos para o guarda posicionado na ilha no meio do tráfego.

"Como a gente faz para atravessar a ponte?"

O guarda me encara. "Por quê?", pergunta.

"Queremos ir para o outro lado."

"Você está de brincadeira."

"Não estou, não. Por quê?"

"Moça, todas as semanas entre três e sete pessoas são assal-tadas em cima desta ponte. Na sua opinião, qual é a chance de isso acontecer com vocês duas? Se querem um conselho sin-cero, esqueçam esse plano."

"Estou vendo", diz minha mãe, "que nada mudou na De-lancey Street, não é mesmo?"

"Vamos, mãe. Vamos de metrô."

Eu me sentava à escrivaninha e fazia força para pensar. É as-sim que gosto de descrever a coisa. Por anos a fio, declarei: "Estou fazendo força para pensar". Exatamente como minha mãe, que dizia que estava fazendo força para viver. Ela achava que merecia uma medalha só por passar as pernas pela beirada da cama de manhã, e suponho que eu também, pelo mero fato de me sentar à escrivaninha.

No meu pequeno apartamento na Primeira Avenida, a fumaça da cidade entrava em rolo pela janela. O vapor engrossava o ar e a névoa tomava a sala. Eu ficava ali sentada com as pálpebras pregadas, abertas em meio à fumaça, ao vapor, à névoa, esforçando-me para enxergar meus pensamentos lá no fundo, presa naquela atmosfera turva. Uma vez a cada poucas semanas o ar ficava limpo durante meio segundo e — rápido! — eu conseguia baixar dois parágrafos de prosa legível. O tempo ia passando. Muito tempo. Muito tempo morto. Finalmente, uma página. Depois duas páginas. Quando tinha dez páginas, corria para imprimi-las. Olhava para meus parágrafos impressos: olhava de verdade para eles. Que pouquinho, pensava. Que pouquinho isso tudo. Passei tanto tempo sentada aqui com essas páginas, e no fim é tão pouquinho. Um homem me disse: "Bela ideia. Pena você não ter tempo para desenvolver". Uma mulher me disse: "O que você podia fazer, sem precisar lidar com os prazos da imprensa? É uma pena não haver subsídios governamentais". Abri a boca para falar. A infelicidade se dissolveu em minha boca, grudou meus lábios. Se eu conseguisse falar, o que diria? E para quem?

Fui em frente, na batalha.

Dois anos depois de abandonar Davey Levinson sentado no restaurante da East Broadway entrevistei Joe Durbin para um artigo que estava escrevendo sobre uma greve de locatário. Ele era um sindicalista de esquerda e foi uma recaída nas figuras românticas da minha primeira juventude. O movimento sindical era a paixão de Joe. Ele fora funcionário do CIO, conhecera todos os líderes sindicais, de John L. Lewis a Walter Reuther, e se encarregara de organizar o mapa histórico inteiro:

Califórnia nos anos 1930, Michigan nos 1940, Nova York nos 1950. Era vinte anos mais velho que eu e casado. A diferença de idade conteve meu ímpeto. Uma semana depois da entrevista, ele telefonou para sugerir um jantar. Passamos seis anos juntos.

A conexão foi imediata e primária. Sem discussões ou análises, nós nos transportamos diretamente para a essência do sentimento. Num único movimento fluido, obtivemos tanto paz quanto excitação. "Em casa", meu corpo me informou. "Estou em casa."

Não me ocorreu perguntar o que o corpo de Joe estava dizendo a ele; parecia desnecessário. Ele me visitava praticamente todos os dias, telefonava quando dizia que ia telefonar, aparecia quando dizia que ia aparecer. Era, eu sabia, ainda mais dedicado do que eu à tarefa de manter ativa a eletricidade do envolvimento, tão fugidia, tão cambiante. A insegurança não haveria de nos embaraçar. Joe era um organizador tão competente em matéria de amor quanto em matéria de política: depois do movimento trabalhista, o que ele mais adorava eram as mulheres. Quer dizer, adorava sentir-se vivo graças ao ato do amor, e possuía grande ternura pela agente de sua vitalidade renovada.

Eu me dava conta de que não era a mim que ele estava adorando, mas ao apetite que eu havia despertado nele, o que não me impedia de me reclinar na cama sorrindo secretamente para mim mesma, exatamente como se o que eu sabia ser verdadeiro não fosse nem um pouco verdadeiro. Eu até parecia a Nettie. "Não é a mim que ele ama", eu dizia a mim mesma enquanto ele se debruçava sobre mim. "Ama a sensação que eu desperto nele." Depois não acreditava nem um pouco no que estava dizendo a mim mesma. Não conseguia. Ninguém consegue, sob o vício. E de certa maneira não era tão inadequado eu não acreditar em mim. Com Joe eu estava aprofundando meus conhecimentos sobre uma coisa que já sabia: sexo compra tempo. Via que toda vez que íamos para a cama éramos engolfados por uma troca de sentimentos que sempre nos tomava de surpresa. A surpresa nos fazia voltar em busca de mais. Assim, permanecíamos atrelados num abraço que fazia com que cada um de nós eventualmente olhasse o outro no rosto.

Ele sabia um milhão de histórias de guerra e nunca parava de contá-las. Homenzarrão ruidoso cuja voz dominava o aposento, dedicava-se permanentemente a seu próprio esforço de encontrar o nexo das coisas. Acho que toda vez que contava uma de suas antigas histórias esperava descobrir algo novo nela, algo que explicasse melhor as coisas que na vez anterior. Aos cinquenta e muitos, não conhecia o significado de repouso mental. O comprometimento era uma necessidade de sua alma: ele reagia a tudo. Quando não estava familiarizado com os termos de uma polêmica, ou quando as circunstâncias em que se encontrava o deixavam confuso, ou se um conjunto de gestos lhe parecesse ininteligível, num instante Joe traduzia os termos, decifrava as circunstâncias, elaborava uma interpretação que o convencesse de que estava entendendo o que se passava. Achava intolerável viver num mundo cujo nexo lhe escapasse. Quando não entendia o nexo das coisas não podia agir, e agir era sua necessidade.

Nesse ponto nós dois combinávamos maravilhosamente. Eu passara a vida inteira sem saber direito como agir, mas tampouco conseguia viver um minuto, uma hora, um dia se não fosse num estado de reatividade verbal indiscriminada: tinha opinião sobre tudo. Mais ainda, minha apreensão ao deparar com ausência de reação nos outros era monumental. Diante do silêncio eu falava depressa e me estendia de modo avassalador para preencher o que percebia como vácuo, exaurindo a mim mesma e àqueles que haviam me assolado com a necessidade punitiva de enunciar palavras, palavras, palavras.

Com Joe era o paraíso. Tínhamos um mecanismo embutido de descarga e reabastecimento. Falávamos alucinadamente, depois fazíamos um amor ardente e sonhador, então nos desengatávamos e continuávamos falando.

Nosso intercâmbio não era exatamente uma conversa. Posto em prática em alta frequência de velocidade e ruído, consistia numa série de confrontos em câmera rápida. Asserção, refutação, defesa era nossa maneira de entender a fala. E quanto mais urgente o confronto — ou seja, quanto mais volátil e explosivo ele fosse —, parece-me que mais estimulados e tranquilizados ficávamos. Esse nosso apetite por discutir as questões até seu completo esgotamento era uma medida de quanto nós dois considerávamos a inteligência articuladora uma arma fundamental. Se cada um de nós era capaz de convencer o outro a ver a verdade tal como a víamos, de certo modo significava que o mundo giraria em torno de seu eixo e tudo o que nos atormentava seria evacuado no espaço inofensivo.

O fato de estarmos continuamente discutindo não chegava a merecer nossa atenção. Ríamos do verdadeiro clichê social que éramos: a feminista e o esquerdista engalfinhados num combate erótico. Achávamos que por falar um com o outro o tempo todo estávamos conectados. Na verdade, só nos conectávamos na cama. Na vertical, defendíamos posições. Hoje, considerando esse tumulto todo, parece notável que as surpresas continuassem ocorrendo.

Um dia, quando já estávamos juntos fazia uns seis ou oito meses, fomos dar uma caminhada e encontramos uma antiga colega de escola. Ela sugeriu um café. Joe, querendo ser socialmente responsável e agradar minha amiga, tomou conta da conversa. Ou seja, não permitiu que a conversa se desenvolvesse. Se uma de nós dissesse: "Tem uma casca de banana na calçada", Joe emendava: "Por falar em casca de banana, isso me lembra de uma vez em Flint, Michigan, quando...", e começava a contar uma história trabalhista de vinte minutos. Minha amiga parecia intrigada. Joe não percebia. Alguns minutos depois, a cena se repetia. Caso estivéssemos só nós dois, eu teria soltado os cachorros para cima dele. Nas circunstâncias, fiquei de boca fechada, só observando. Comecei a ver Joe através dos olhos da minha amiga. Ouvia-o do jeito que achava que ela o ouvia. Imaginei que minha amiga estivesse pensando: Esse aí é um fanfarrão prepotente do tipo que é melhor evitar, um cara exaustivo demais para tentar algum tipo de negociação.

De repente me senti sozinha, terrivelmente sozinha. "Vamos voltar para casa", falei, depois que nos despedimos dela. "Não estou me sentindo bem." Joe ergueu o braço para chamar um táxi. Depois que chegamos ao apartamento, arranquei a roupa e o arrastei para a cama.

"Achei que você não estava se sentindo bem", ele disse.

"Vou me sentir melhor se a gente fizer amor", expliquei.

Mas não me senti melhor. Continuei me sentindo sozinha. Joe não percebeu. Estava recostado nos travesseiros com as pernas estendidas sobre a cama, tagarelando, acrescentando detalhes sobre a história de Flint, Michigan, acariciando-me regular e descuidadamente enquanto falava. Deitei a cabeça em seu peito sentindo-me cada vez mais isolada.

"Ai, pare!", exclamei. "Por favor, pare. Pare!"

A boca de Joe se fechou no meio de uma frase. Sua cabeça recuou. Seus olhos buscaram os meus. "O que foi, meu bem?", perguntou. Ele nunca tinha me ouvido falar naquele tom antes.

"Me escute", implorei, "simplesmente me escute." Ele concordou com a cabeça, sem afastar os olhos dos meus. "Você não me conhece nem um pouco", falei. "Acha que eu sou essa mulher forte, boa de discussão, liberada, tão atrevida e autoconfiante quanto você, disposta a andar mundo afora exatamente como você. Só que não sou nem um pouco assim. Estou me sentindo sozinha por fazer amor com você sem que você tenha a menor ideia de como é minha vida." Ele concordou de novo.

Contei a Joe com que intensidade havia desejado ter uma vida como a dele sem nunca haver conseguido, contei como sempre me sentira marginal, enterrada viva na obscuridade, e como toda aquela conversa que eu produzia não tinha o poder de dissolver meu isolamento. Contei a ele como às vezes acordo espontaneamente à noite, sento na cama e me sinto sozinha no meio do mundo. "Onde *estão* as pessoas?", pergunto em voz alta, e sou forçada a me acalmar com "Mamãe está em Chelsea, Marilyn está na rua 73, meu irmão está em Baltimore". A lista é patética, contei a ele.

Falei e falei. Fui em frente sem pausa ou interrupção. Quando me calei, senti-me aliviada (sozinha, mas não solitária) e, muito depressa, constrangida. E Joe tão silencioso… Ah, pensei, que boba, você, dizendo essas coisas. Ele não gosta nada dessa conversa, não gosta nadinha, não faz ideia do que você está falando. Então Joe disse: "Querida, que bela vida interior você tem". Meus olhos se arregalaram. Acolhi as palavras dele. Ri, encantada. Que maravilha, ele ter aquela frase dentro de si! Ele ter falado aquela frase que tinha dentro de si! Amei-o naquele instante. Pela primeira vez, *o* amei.

"E a mulher dele?", perguntava minha mãe. "E você?", perguntavam meus amigos. Encontrei uma conhecida na rua. Ela usava brincos de prata, tinha cabelo grisalho encaracolado, seus olhos dançavam de interesse, seu sorriso era cálido e conhecedor. "Você vai precisar de muita estâmina e de bastante autocontrole", disse. Aquela mulher tinha uma compreensão mais aguda das coisas.

Todo mundo partia do princípio de que eu sabia que a mulher de Joe era a esposa e eu era a outra, e que Joe era o prêmio fadado a ir parar nas mãos de uma ou de outra, só que não era bem assim. Por que, pensei, eu haveria de querer que ele se separasse da mulher? Caso se separasse, o que eu faria? Levá--lo para meu apartamento? Muito pequeno. Além disso, posso não gostar de dormir sozinha, mas gosto de acordar sozinha. É verdade que quando ele vai embora é doloroso, mas não tanto assim. A situação me convém. Além disso, é interessante.

Para mim, a esposa de Joe era uma abstração. Eu não sentia culpa nem ciúme em relação a ela. Isso porque não sentia ciúme de Joe, cujos talentos para a vida (talentos de que ele se valia tanto na organização dos sindicatos como em seus casos amorosos) incluíam confiabilidade absoluta e humor de uma constância notável. Homem de imenso apetite, imensa energia, Joe passava tempo de qualidade com todos. Quando estava comigo, estava tão absolutamente ali, tão sem reservas, que eu não me sentia nem lesada nem possessiva quando ele não estava. Pela primeira vez, o que um amante fazia quando não estava comigo não me interessava particularmente; na verdade, não era da minha conta. E aquilo *era* uma experiência.

Imaginem isto. Eu vivia inteiramente o momento, sem nenhuma garantia formal além do telefonema do dia seguinte pela manhã, e constatava estar interessada; não triste, chorosa, assustada ou ressentida, só interessada. Esta, eu refletia, é uma situação na qual você claramente não tem nada a negociar. Esse caso é apenas a verdade nua e sem filtro. Será que você é capaz de aceitá-la, ou vai se desmanchar diante da inexistência de ilusões? De fato, para responder a tal pergunta era de estâmina e autocontrole que eu precisava. E encarei a tarefa. Comecei a compreender a ideia de viver sem uma noção de futuro: não íamos desperdiçar nossos poucos momentos em más condutas. Eu via como impulsos extraviados morriam antes de terem condições de armar confusão. Via a raiva reflexiva dar lugar à compreensão analítica. Via como a complacência mesquinha se continha para que prevalecesse uma espécie de justiça emocional bruta. Tudo isso eu via, e via com prazer. Mais adiante chegou o dia em que também vi que aprender a viver sem uma noção de futuro é um exercício estéril: aquilo que dá a impressão de ser vida no interior de um jardim murado é, na verdade, vida no interior de um pátio remodelado de prisão. A mulher de Joe permanecia uma abstração, mas o casamento dele passou a ser um confinamento atordoante.

Ocupávamos um universo composto de um cômodo num período: meu quarto nas tardes de dia de semana. Com o passar do tempo, ocupamos esse universo cada vez mais plenamente. Fome se multiplicava em fome, desejo em desejo. Nunca conseguíamos ter o suficiente. Porque não tínhamos o suficiente. Eu estava sempre querendo mais. "Mais não", disse-me uma amiga com voz neutra. "O que baste. Você quer o que baste." Num ano ou dois, dei-me conta de que não era exatamente mais o que eu queria, ou mesmo o que bastasse. O que eu queria era um mundo mais espaçoso para que nossos sentimentos pudessem se movimentar. A vida necessita de espaço, assim como necessita de ar e luz, de espaço para a exploração e a autodescoberta. Os limites da exploração na vida de nossos sentimentos eram estabelecidos pelo casamento de Joe, e esses limites eram apertados. Por mais que pudéssemos sentir com profundidade, nosso amor estava impossibilitado de criar leis ou mapear território. Para ele, não havia país de experiência a cruzar, não havia litoral a alcançar, não havia centro a penetrar. Estávamos de posse de um pequeno espaço interior em algum lugar no meio de uma região fértil de proporções desconhecidas. Em torno desse espaço se erguiam barreiras de rígida estabilidade. O amor podia se intensificar, mas não podia se expandir para ocupar um território que correspondesse a seu próprio formato. A realidade do limite predeterminado me corroía por dentro.

Mais ou menos por essa época me dei conta de que o retângulo dentro do qual meus pensamentos viviam ou morriam também era um pequeno espaço interior no qual minha vida profissional se atufara, em lugar de o trabalho escavar no corpo maior de uma identidade livre a forma e a extensão do território que necessitava ocupar.

Por um momento recuei de mim mesma. Vi que estava suspendida no interior de minha própria vida. Só uma pequena parte dela continha substância, o resto era devaneio meu. Joe e o tempo que eu passava à escrivaninha eram esforços iguais na direção de um destino manifesto. Recuei mais ainda e vi que não era capaz de imaginar como começar a tomar posse do território mais vasto, fosse no amor, fosse no trabalho.

De modo que então, pouco antes de chegar aos quarenta anos, eu levava uma vida de fantasia no trabalho e no amor: rica, sonhadora, de menininha; um complemento necessário à realidade carente. A natureza dupla desse devanear compulsivo me levou a uma descoberta de certo peso.

Uma semana, no verão, quando Joe e eu já estávamos juntos havia dois anos, vi-me trabalhando excepcionalmente bem. Sentava-me à escrivaninha e me concentrava. Não enrolava contemplando as palavras, não me remexia na cadeira às voltas com fumaças e cansaços. Em vez disso, sentava-me toda manhã com a mente clara e trabalhava horas a fio. O triângulo se abrira de par em par e permanecia aberto: o centro dele era ocupado por uma ideia. Um grande entusiasmo se formou em torno dessa ideia e tomou conta de mim. Comecei a fantasiar em torno da ideia, correndo à frente dela, visualizando sua potência e sua força plenas e particulares bem antes de ela ficar nítida. Dessas fantasias brotaram imagens, e das imagens uma integralidade de pensamento e linguagem que me deixava maravilhada toda vez que ela se repetia. No fim da semana eu dispunha de uma bela quantidade de manuscrito sobre a escrivaninha. Na sexta à noite interrompi o trabalho. Na manhã de segunda olhei para ele e vi que as páginas tinham mérito, mas que a ideia estava mal concebida. Não funcionava. Seria preciso deixar de lado tudo o que já fizera. Senti-me esvaziada. O período de trabalho inspirado chegara ao fim. A atmosfera turva e o vapor me envolveram novamente, o retângulo encolheu e lá estava eu outra vez desbastando penosamente pequenos momentos de clareza, como de hábito e como sempre. Contudo, era uma alegria lembrar-me das horas passadas sob o feitiço de minha visão. Eu me sentia fortalecida pelo esforço continuado de trabalho a que o devaneio me conduzira.

Durante esse mesmo período, Joe e eu atingimos um novo nível de intensidade. Todas as tardes, às quatro horas, ardíamos e nos afogávamos. Ao longo daqueles dias perigosos, parecia que estávamos nos movimentando na direção de um momento de clímax. À noite, depois que Joe me deixava, eu andava, nas doces horas da última luz do dia, fantasiando sobre nós dois. Nós dois juntos agora, nós dois juntos no futuro, nós dois andando, nós dois na cama, nós dois brincando e nos divertindo. Nós dois. Aquilo me tomou durante a semana inteira, aquela excitação nervosa, aquela doçura melancólica, aquele anseio declarado. Então, certa noite, senti-me arrasada e destituída, amedrontada por estar andando sozinha pela rua, construindo na cabeça uma vida com um homem que estava em algum outro lugar e que sempre estaria em algum outro lugar. Estremeci, senti náusea. Meu estômago começou a doer. Fui para a cama cedo naquela noite e despertei de um sono ferrado para me encontrar outra vez na paisagem vazia. A onda profunda de sugestividade sonhadora em torno da qual meu corpo se aninhara a semana inteira se transformou num novelo de vermes roendo minhas entranhas. Ah, pensei, que coisa mais no-*jen*-ta.

Levantei e escrevi no meu diário: "O amor é uma função da vida sentimental passiva e depende de um outro idealizado para ter uma resolução satisfatória: a posição primitiva na qual nascemos. O trabalho é uma função da vida expressiva ativa, e quando não dá em nada, pelo menos ainda permite que se guarde a consciência fortalecedora do eu ativo. Somente quando o acesso à vida imaginativa é negado, vai-se atrás do amor em grande escala".

Sentei-me à escrivaninha às quatro da manhã fitando o mata-borrão, as estantes de livros, o conforto bem-ordenado do local onde eu trabalhava, e pensei: mamãe é uma adoradora diante do altar do amor, mas aquele seu tédio de vida inteira é um sinal claro de que não é bem assim.

Voltei para a cama. Pela manhã voltaria à luta. Resolver uma coisa na mesma hora? Nunca. Não em se tratando de trabalho; não em se tratando de Joe. Eu não conseguia entender que um era uma maneira de escapar do outro. Com Joe, a felicidade me tirava do ar, eu evitava a pura dor do trabalho continuado. Com o trabalho, eu endurecia a mim mesma contra a "intrusão" do amor: um homem casado estava mais que bom. Durante anos, declarei: Pela manhã. Que, evidentemente, nunca chegava.

Joe era o homem mais social que já conheci. Seu sentido da vida era genérico: em qualquer momento uma entre vinte e cinco pessoas podia preencher o lugar da esposa, da amante, do amigo. Para ele, era infantil considerar que a felicidade humana pudesse estar ligada a uma particularidade do vínculo ou da circunstância. Dizia que o segredo está em criar tanto mundo quanto possível em toda pequena clareira que se possa obter. Ele não sentia a fisgada de nosso confinamento, como eu. Em vez disso, dizia para si mesmo: "Isso é o que temos, vejamos o que somos capazes de fazer com o que temos", e arregaçava as mangas.

Ele nunca parava de fornecer vida — a mim, em mim, por mim. Estava eternamente inventando confortos e prazeres que davam fogo e dimensão à nossa relação. Tomávamos champanhe na cama, comíamos ostras na cidade, fazíamos viagens-surpresa ao litoral. Ele me oferecia livros de que eu tinha necessidade, mandava-me recortes de jornal diariamente, organizava-se para passar a noite em minha casa quando eu menos esperava, e pela manhã preparava o café. Nossa vida emocional era um assunto fascinante para mim, e acabou sendo para ele também. Joe se deliciava com a natureza extensiva da discussão, mergulhava nela sem medo, sem assumir atitude defensiva, e em pouco tempo me viciou no alimento regular que aquele tipo de conversa me proporcionava.

Ternamente divertida, eu observava como ele quebrava a cabeça não apenas para ser confiável e amoroso todos os dias como também para estar continuamente atento ao que fazer para que tivéssemos mais. Joe nunca achava que não tinha o suficiente, mas também ele queria mais, e estava sempre conspirando para obter mais. Eu não me preocupava com o fato de Joe conspirar. Parecia natural simplesmente me deixar levar pela onda de fartura que essa atividade dele oferecia a nós dois.

Um dia, no outono de nosso terceiro ano, Joe me contou que estava pensando em comprar um barco de um amigo. O barco estava fundeado no Caribe e Joe pretendia pegar um avião até lá duas semanas depois, para vê-lo. "Venha também", disse. "Vai ser sensacional. Assim a gente passa dois ou três dias juntos, quem sabe mais?" Eu estava livre, e a proposta surgiu como um presente inesperado. Beijei-o inteiro. Que homem adorável, pensei. Sempre inventando novidade.

Voamos para o Caribe numa terça-feira à tarde. Naquela noite jantamos num terraço que se projetava sobre uma baía azul-esverdeada e fizemos amor num quarto todo branco, com o ar da noite, suave e doce, entrando pelas venezianas abertas. Encantamento. Encantamento terça à noite. Encantamento quarta o dia inteiro. Encantamento também na quinta. Na manhã de sexta nos preparamos para voltar para Nova York. Fizemos as malas, acertamos a conta do hotel e rumamos para o aeroporto em nosso carro alugado. De repente não suportei a ideia de voltar. Apoiei a mão no braço de Joe e implorei: "Vamos ficar, passar o fim de semana aqui. Ligue para sua mulher e diga que precisa de mais um ou dois dias para resolver o assunto do barco".

Joe virou um pouco a cabeça para mim. Vi a ruga se formar em sua testa e vi seus olhos se estreitarem. "Queridinha, *eu* não vou voltar com você", disse. "Minha mulher chega hoje no fim da tarde."

Foi o tom de voz: nunca esqueci. A irritação levemente intrigada que havia em seu tom de voz. Como se ele já tivesse, é óbvio, me passado essa informação e não conseguisse entender como era possível que eu a esquecera. Lembro-me de ter pensado depois: manipulação.

"O quê?", estranhei. "O que você disse?"

"Eu disse que minha mulher chega no fim da tarde. Já lhe falei sobre isso. Tenho certeza de que já falei."

"Como você tem coragem?", falei. "Porra, como você tem coragem?"

Ele quase saiu da estrada. Parou no acostamento e segurou a cabeça com as duas mãos. Fiquei olhando para fora, para a desolada manhã tropical, trêmula de neblina e calor.

"Devo ter esquecido", disse Joe. "Me perdoe. Foi um lapso bastante útil, reconheço. Esqueci porque achei que se você soubesse ia estragar nossos dias juntos aqui."

"Infame."

"Por quê?", ele exclamou. "O que há de tão infame? Eu queria que nós dois ficássemos bem. Achei que não ficaríamos se você soubesse que não íamos voltar juntos. E o que há de tão terrível nisso? Passamos dias adoráveis. Ou não passamos?"

"Você me manipulou. Reteve informação. Decidiu sozinho que era mais importante ficarmos bem do que eu saber tudo o que havia a saber. Para você, a situação era mais importante do que eu."

"Não é verdade", ele disse.

Mas era verdade. Para Joe, a situação sempre era mais importante do que qualquer dos seus participantes. Como passávamos nossa vida no quarto, eu não tivera oportunidade até aquele momento de sentir na carne o que já sabia havia muito intelectualmente.

Minha mãe estava feliz por eu ter alguém para amar. No começo me atacou tão ferozmente quanto nos tempos de Stefan, mais até — "E então, qual é a sensação de roubar o marido de outra mulher?" —, só que dessa vez se recuperou mais depressa de suas raivas confusas contra mim e os homens. Quando saí batendo a porta, ouvi-a gritar: "Volte! Volte! Não foi isso que eu quis dizer".

E era verdade. Minutos depois, aparentemente, ela havia aceitado os termos de nosso caso e passara a receber Joe na casa dela de bom grado; na verdade ficava encantada com as visitas dele. Para mamãe, Joe era um personagem glamoroso, experiente, um homem de força, intenção e ousadia. Estremecendo de enlevo, com seu jeitinho sedutor, declarava com admiração: "Que *chutzpah* tem aquele homem!".

Ela não conseguia se impedir de fofocar com a família. Sempre que meus tios perguntavam por mim, dizia: "Nem queira saber", numa voz tão carregada de insinuações maliciosas que no mesmo instante os parentes passavam a ouvi-la com absoluta atenção. Em seguida contava a eles que eu me tornara um dos personagens centrais num caso romântico de alta voltagem trágica. Os parentes, é claro, não perdiam tempo para lhe comunicar sua inquietação moral: um homem casado, um choque, um escândalo, ninguém na família nunca. Mamãe ficava vexada (aquela parte não estava no roteiro) e declarava com altivez que havia aspectos no caso que não estava autorizada a divulgar. Eles que decidissem por sua conta e risco se a mulher de Joe era louca, sifilítica ou se encontrava num estado permanente disso ou daquilo.

A mulher de Joe *era* um problema. Depois que mamãe virou nossa aliada, sua convicção de que ela era nossa vítima se transformou numa fonte torturante de conflito. Resolveu o conflito sonhando repetidamente que "a esposa" estava em pé diante da porta de meu apartamento com um revólver na mão, atirando em mim à queima-roupa.

Mamãe sabia que Joe era homem de apetites e vontades. Via como ele dominava a conversa, como ocupava um espaço maior do que o que lhe cabia no aposento, como manobrava incansavelmente para obter o que queria, mas não achava que valesse a pena tentar "corrigir" aquele traço de personalidade pouco atraente. Para ela, alguém me submeter à própria vontade era café-pequeno. Homens... Ela dava de ombros. Que diferença fazia? Ele ama você? É bom com você? Então está querendo agir como um homem. Pois deixe! Não lhe faz mal nenhum, não significa nada.

No quarto ano, a mulher de Joe ficou gravemente doente, de forma tão repentina que o susto foi geral. Todos achavam que ela fosse morrer. Joe perambulava em estado de choque. Tinha grande afeto pela mulher, nunca a abandonaria enquanto vivesse, e temia por ela agora que talvez estivesse morrendo. Mesmo assim, seus pensamentos estavam confusos e seus sentimentos, divididos. Nenhuma palavra foi pronunciada sobre o significado potencial que aquelas circunstâncias poderiam ter para nós, mas estávamos na maior expectativa. Horrorizados mas na expectativa, e sem passar recibo em nosso comportamento começamos a agir como se Joe e eu fôssemos nos casar em breve.

Uma tarde, naquela época, mamãe e Sarah passaram em casa para um café. As duas irmãs estavam sempre juntas, sempre implicando uma com a outra. A conversa normal entre elas era uma agressão divertida. "Um garoto caiu na rua", talvez dissesse Sarah. "Os olhos ficaram revirados na cabeça dele, os braços e as pernas se agitaram em todas as direções. Foi a primeira vez que vi um ataque epiléptico." A essa observação, mamãe poderia responder: "Do que você está falando? Por acaso você sabe do que está falando? Aquele garoto era um usuário de drogas. Por acaso você sabe o que significa 'usuário de drogas'?". Ouvindo isso, Sarah balançaria a cabeça. "Olhe só sua mãe. Ela acha que como não nascem cebolas no alto da cabeça dela, ela é a mulher do rabino." Eu sempre gostava das visitas das duas.

Às quatro e meia, Joe apareceu. "Perdão", disse, sorrindo. "Espero não estar interrompendo alguma coisa, mas esta manhã me aconteceu uma coisa ótima, assinei um contrato que havia meses estava lutando para conseguir. Achei que a gente devia celebrar." Tirou uma garrafa de vinho de um saco de papel e se movimentou rapidamente pelo cômodo falando sem parar enquanto providenciava quatro cálices de vinho, depositava-os sobre a mesinha de centro, abria a garrafa e servia o vinho.

Os olhos de mamãe dançavam de prazer. Para ela, Joe era um feriado permanente. Pegou o cálice que ele lhe oferecia e deu um gole.

"Ah, não!", Sarah corou furiosamente. "Não posso tomar vinho no meio do dia."

"Claro que pode", decretou Joe, entregando-lhe o cálice servido. Relutante, ela aceitou.

Joe e eu erguemos os cálices um para o outro. Nós quatro bebemos. Joe continuou tagarelando enquanto mamãe e eu fazíamos ruídos femininos adequados [Que maravilha! Não acredito que você conseguiu *mesmo*! Isso é fantástico!], mas Sarah ficou muito quieta. Senti uma pontada de remorso ao ver minha volúvel tia cair naquele silêncio repentino.

Depois que esvaziamos os cálices, Joe ergueu novamente a garrafa e a estendeu, primeiro na minha direção. Aproximei o cálice do braço erguido dele. Joe serviu. Em seguida estendeu a garrafa na direção de mamãe. Ela disse: "Fico por aqui". Sarah, com um aceno, afastou a garrafa, genuinamente assustada. "Ah, deixem disso", disse Joe, empurrando a garrafa na direção do cálice de mamãe. "Então está bem." Ela deu uma risadinha. Ele a serviu de vinho e se virou para Sarah. Em voz firme, ela declarou: "Não, obrigada. Não quero mais".

"Ah, o que é isso?", disse Joe, inclinando a garrafa na direção dela.

Sarah cobriu o cálice com a mão. "Não", repetiu. "Não posso."

"Me conte, Joe", disse mamãe. "Como foram as coisas com os patrões esta manhã?" Joe riu e começou a lhe contar pela terceira vez, mas num minuto mais ou menos se voltou de novo para Sarah com a garrafa de vinho na mão.

"Vamos *lá*", insistiu.

Sarah ficou surpresa, mas pôs de novo a mão sobre o cálice e balançou a cabeça. "Realmente não quero mais", disse.

"Quer, sim", disse Joe, "é só timidez", e começou a empurrar a mão dela com o gargalo da garrafa. "Vamos lá, vamos lá, vamos lá."

Mamãe baixou os olhos para seu próprio cálice. Sarah parecia penosamente confusa.

Pousei minha mão sobre a mão de Joe. Ele olhou para mim. "Ela é uma mulher adulta", falei. "Se está dizendo que não quer, é porque não quer."

Depois que eu falei, ficamos por um momento imóveis. Então Joe recolheu a mão, sorriu e disse: "Entendi". Ele era mesmo um homem muito agradável. Não sabia ser de outro jeito.

Às cinco e meia os três se levantaram para ir embora. Joe ajudou Sarah a vestir o casaco, e eu ajudei mamãe com o dela. Fiquei em pé na porta enquanto eles iam para o elevador. Na metade do corredor, mamãe estacou. "Esqueci minhas chaves", informou-me em voz alta. Quando se aproximou outra vez de mim, vi que estava com as chaves na mão. Passou por mim e entrou no apartamento com ar intrigado. "Onde será que deixei as chaves?", disse, falando para si mesma, como sempre.

"Mãe, você está com as chaves na mão."

"Ah, meu Deus!" Ela continuou ali de pé, com ar intrigado. Depois pousou a mão no meu braço. "Não se case", disse, e saiu voando corredor afora.

A mulher de Joe não morreu. Recuperou-se, e depois de sua doença tudo ficou como era antes entre nós: retomamos nosso velho jeito explosivo do quarto ao quinto, ao sexto ano. Nossa troca de energias era do tipo primitivo — a conversa efervescente, o sexo abençoado —, e seu caráter nunca se alterava. De vez em quando, em meio ao ruído e à fumaça, um de nós vislumbrava o modo como o outro ordenava o mundo e, por um momento, sentia o coração que pulsava na outra ponta de uma longa linha de pensamento. Mas o momento sempre passava. Se um de nós ouvia por muito tempo o que o outro efetivamente dizia, sentia-se à deriva. Aquela energia bruta entre nós era o que amávamos. As discussões nos davam tesão.

No âmago daquele caso ruidoso, complicado, entupido de conversas, a relação continuava sendo erótica. Nós, que falávamos um com o outro tão apaixonadamente durante horas, dias, meses e anos, com absoluta certeza perderíamos o interesse no momento em que um deixasse de sentir desejo pelo outro na cama. Eu sabia que era a verdade mais profunda entre nós, declarava-a em voz alta — frequentemente —, e mesmo assim era como se não soubesse o verdadeiro significado das palavras. Entre o clarão do insight e o imperativo de agir havia quilômetros e mais quilômetros de ansiedade a negociar.

"Nossa conexão é erótica", eu anunciava periodicamente.

"É mesmo?", replicava Joe com interesse na voz.

"Nenhum de nós dois corresponde ao formato ou ao conteúdo específico da mente ou do espírito do outro. Só nos relacionamos por intermédio da excitação sexual."

Ele ria e ria. Eu havia inventado a roda.

"É mesmo, querida", Joe dizia, pacientemente. "É assim que as coisas se passam entre os homens e as mulheres. A conexão, como você diz, é erótica. E daí? Qual é a vantagem de nos caracterizar dessa forma?"

"Odeio isso", falei. "Acho insultante. Sempre achei."

"Bom, nesse caso", ele dizia, "acho que você vai ter de continuar se sentindo insultada por mais alguns milhares de anos de história."

Na época eu não o contradizia. Em lugar disso, recuava para uma espécie de trégua sob a forma de inatividade da qual só me movia brevemente ao me sentir provocada na conversa por estar fora de forma, exilada em meus pensamentos ou generalizada em meu ser ("vocês, mulheres..."). Depois me acalmava e durante meses a fio largava a coisa. A ligação erótica tinha suas vantagens, as quais, inevitavelmente, tinham seu peso na balança.

Para começar, havia a enormidade do amor sexual propriamente dito. O desejo era uma garantia de ternura. A ternura era um escudo contra o perigo. Uma vez fora de perigo, eu era livre para recuar para a fascinante vida secreta de meu próprio abandono. Na cama eu não precisava ser eu mesma. Podia me perder e continuar a salvo. Eu emergia daquele estado de perdida e ali estava Joe, sempre comigo, nunca mais confiável que nas ocasiões em que estava recebendo novas provas de seus próprios poderes vitais.

Eu não precisava ser eu mesma. Com Joe, pela primeira vez, sentia o gostinho de não precisar ser eu mesma: o puro alívio da coisa. A vida inteira eu alimentara a desconfiança de não ser inteligente o bastante, especial o bastante, talentosa o bastante para reter a atenção daqueles que se aproximavam de mim por amizade ou amor. Era capaz de atrair as pessoas, é verdade, mas era capaz de retê-las? Nunca me senti segura disso. Agora, pelo jeito, não precisava me sentir segura. A conexão erótica fornecia um indulto. Eu não estava diariamente sob a mira de um revólver para conquistar interesse ou respeito. O acordo estava feito: eu podia relaxar apoiada nele. Percebia o forte apelo do casamento. Comprometer-se com uma única pessoa — nós mesmos — já não é uma exigência: a outra parte pode se ocupar da tarefa. Os encontros na paisagem aberta do mundo nunca mais precisam representar riscos.

Era interessante, aquilo tudo, mas lá no fundo de mim mesma eu me esquivava. No sexto ano comecei a repetir com monótona regularidade: "Nossa conexão é erótica", só que agora eu tinha sempre uma espécie de raiva surda na voz. É óbvio que o que eu estava dizendo era que não estava fazendo conexão erótica coisa nenhuma. Nossas polêmicas haviam começado a me cansar. O confronto já não me dava tesão. Eu já não ardia com a velocidade e o calor previsíveis. De repente passávamos uma semana ruim, não íamos para a cama.

Nesses casos, quando nos encontrávamos, eu estava morosa, desorientada. A atenção de Joe errava visivelmente. Passávamos uma hora juntos fazendo força para engrenar, procurando assunto.

"É um momento de desencontro", um de nós dizia.

"Passando uma fase chata", o outro confirmava.

"Na semana que vem, vamos estar como sempre estivemos."

E na semana seguinte estávamos como sempre havíamos estado: por um ou dois dias.

Pedacinho por pedacinho estávamos nos desgrudando — e nós dois sabíamos. A atmosfera estava poluída de confusão e pesar. Eu ficava tímida: "Não podemos continuar desse jeito para sempre, sabe?". Joe ficava durão: "Vamos nos separar já". Mas não nos separávamos.

Uma noite recebi um telefonema de minha amiga Linda. "Está tudo bem entre você e Joe?", ela quis saber.

"Claro. Por quê?"

"Ele tem ligado para mim."

"Como assim, ligado para você?"

"Me convida para sair com ele. E agora recebi uma carta embaraçosa dele."

O coração acelerou violentamente em meu peito. "Você está me dizendo que ele está lhe passando uma cantada?"

"Não tenho certeza, mas acho que está."

"Inacreditável. Como é possível ele cantar uma amiga minha?"

"Foi o que pensei, mas é uma carta tão insinuante que achei melhor falar para você."

"Sim, claro. Obrigada, obrigada por ligar."

Linda era uma repórter trabalhista que Joe já encontrara muitas vezes em minha casa. Talvez os telefonemas dele tivessem algo a ver com trabalho. Sim, claro, devia ser isso. Algo a ver com o trabalho dele. Sem dúvida Joe mencionaria o assunto naquela semana.

Só que ele não mencionou, nem naquela semana nem na semana seguinte. Nesse ínterim, eu me encontrara com Linda e lera a carta: era um convite explícito para um caso.

Eu disse a Joe que Linda havia telefonado e que eu lera a carta que ele escrevera para ela. Joe ficou assombrado. "Ela ligou para você? Não acredito. Que tipo de amiga é essa?"

"Boa amiga. Desse tipo."

"Não pela minha cartilha."

"Você está me dizendo que ela devia ter ficado quieta?"

"É exatamente o que estou dizendo."

"Não está me dizendo que você não deveria ter cantado a Linda, mas que ela deveria ter mantido a coisa em segredo, é isso?"

"Ah, não, não venha com essa. Não vou me defender, e ponto-final. Não me senti culpado em relação à minha mulher durante todos esses anos e não me sinto culpado em relação a você. Estamos nos desentendendo há um bom tempo já. No tocante a sexo, me considero um agente independente."

"Mas com uma amiga minha? Não percebe que isso ultrapassa todos os limites?"

"Nem um pouco. Por quem mais vamos sentir atração, senão pelos amigos dos amigos? O fato de eu me sentir atraído pela Linda não é nenhum pecado; ela contar a você, é. Não entendo por que uma amiga sua teria vontade de contar a você uma coisa que poderia fazê-la sofrer."

Olhei firme para ele. Joe realmente não entendia por quê.

"Se a Linda não me conta", eu disse, "vocês dois partilham um segredo. Isso significa que eu imediatamente perco a condição de igualdade. Me transformo na esposa enganada. Aquela que não dispõe de todas as informações. Como você foi capaz de imaginar que a Linda faria uma coisa dessas comigo? Em nome do quê? Em troca de uma trepadinha?"

"Besteira. Não é nem um pouco assim que eu vejo a coisa. Se ela não está interessada no assunto, ótimo. Fica de bico fechado e todos continuamos como antes. Passei cantadas nas mulheres dos meus amigos durante toda a minha vida e, sim, também passei cantadas nas amigas da minha mulher. Em nenhuma ocasião uma esposa foi correndo contar ao marido ou uma amiga foi correndo contar à minha mulher. É um absurdo maldoso imaginar que é de 'honestidade' que se trata quando alguém pega o telefone para comunicar intenções adúlteras."

"Você diz isso porque passou a vida entre pessoas casadas, para quem o casamento é soberano. As humilhações por que passam as mulheres e os homens no interior do casamento importam menos para todos vocês que o casamento propriamente dito. Isso é tão inamistoso! Por que Linda e eu haveríamos de partilhar essa opinião? Em que mundo você imagina que a gente está vivendo?"

"Não sei de que merda você está falando. Isso acontece todo dia da semana, toda hora do dia. O mundo é assim, esse é o impulso mais fundamental, não tem nada a ver com amizade."

"Imagino que seja isso mesmo", falei devagar. "Chegamos ao fundo da questão. Considero claramente *in*amistoso da sua parte passar uma cantada numa amiga minha, mas você considera que tudo bem, pois acredita que o amor não tem nada a ver com amizade."

"Você é tão boba", disse Joe baixinho. "Com toda a sua cultura, ainda não sabe o que é uma relação antagônica. Não existe amizade no amor."

"Contesto essa definição", falei. "Contesto absolutamente essa definição. Se o amor é só envolvimento romântico, foda-se o amor."

"Você é uma criança", disse Joe. "O amor *é* isso mesmo. Não há outra maneira de tê-lo."

"Nesse caso, fico sem amor", falei. "Não posso viver dessa maneira." Ele não respondeu. Olhamos um para o outro durante um longo momento de silêncio.

"Suponho que fosse inevitável", falei, "que eu, por minha vez, me transformasse na esposa enganada."

"Alguém sempre é", disse Joe. "Às vezes eu, inclusive."

E assim, muito subitamente, chegávamos ao fim.

Eu queria calçar os tênis e dar uma caminhada pelo mundo, do Battery até a George Washington Bridge, mas uma marretada de cansaço me obrigou a ir deitar no sofá, onde fiquei contemplando o espaço. Naquele momento senti um profundo desespero. Por mais que desejasse me diferenciar, pelo jeito sempre acabava como mamãe, deitada no sofá contemplando o espaço. E nunca tanto como quando percebi que dormir com Joe *fora* o mesmo que dormir com meu pai, não pelo fato de ele ser mais velho e casado, mas porque era um homem cuja visão de mundo tornava inevitável a equação homem-marido--pai, mulher-esposa-filha.

Repassei todo o filme da minha vida com os homens: Stefan, Davey, Joe. Eles tinham me parecido tão diferentes uns dos outros, mas eu não aprendera nada com aquelas relações, na verdade, não fizera mais que me esconder nelas. Era quase como se escolhesse homens que me dessem a garantia de que eu chegaria mais uma vez a este momento — deprimida e paralisada pela falência do amor.

Depois de algum tempo, levantei-me do sofá. Não fui dar um passeio pelo mundo — tão longe que estava de pôr o pé em terra firme, eu me sentia à deriva num mar de naufrágios —, mas fui me sentar à escrivaninha. Pendurei-me no esforço cotidiano: não conseguia fazer isso muito bem, mas nunca duvidei de que a escrivaninha — e não o desenlace satisfatório do amor — fosse o salva-vidas potencial.

Fui parar no consultório de uma analista. Contei tudo a ela. Contei tudo a ela pela segunda vez. Depois contei de novo.

Toda vez que eu contava tudo a ela, a analista perguntava: Por quê?

Por quê?, eu repetia numa voz desmaiada.

É, por quê?, ela replicava tranquilamente.

Ela ficava o tempo todo me perguntando por quê. Por que toda essa falta de fôlego. Por que só esse retângulo. Por que só um pequeno espaço interno sempre sob ataque. Por que o espaço não se expande para preencher sua vida. Por quê.

À medida que os porquês iam me atingindo, eu só corria, corria pelas ruas da cidade, pelas ruas da minha vida. Estava sentada à escrivaninha, atrelada a ela, correndo. Sem fôlego, exausta, frenética. Um esboço disso! Um esboço disso! Sem tempo, sem fôlego. Talvez algum dia haja fôlego e tempo, por enquanto simplesmente capture o esqueleto da coisa. O retângulo está se retraindo. Trabalhe depressa, mais depressa. Não consigo. Estou com uma dor do lado. Mal consigo me sentar à máquina de escrever. Me sinto mal, estou a ponto de desmaiar, me aguentando, mais meia hora à máquina de escrever e caio no chão. Seria melhor me acorrentar à máquina de escrever, do contrário...

Por quê?, ela perguntava. Por que acorrentada à máquina de escrever. Por que essa luta por tempo e fôlego. Por que só esse trechinho de boa escrita no interior de um espaço exíguo, e em toda a volta a retórica do pânico e da falta de fôlego.

O retângulo, expliquei por fim. É um fugitivo, um subversivo, um imigrante ilegal no país do meu ser. Não tem direitos civis. Está sempre em fuga.

"E o que você me diz de uma mulher com um marido?", ela perguntou. "Será ela a cidadã nata? A que tem todos os direitos?"

"Eu acho... talvez sim... talvez sim..." E me surpreendi com a tristeza em minha voz. "Talvez você tenha razão. Talvez seja isso."

"Bom, nesse caso vamos casar você!", a analista disse, enérgica. "Nada mais fácil."

"Não!", exclamei, enfática. "Não, não, não. Mil vezes não."

"Bem, nesse caso...", ela disse.

"Não tenho como fazer isso." Bati na palma de uma mão com o punho da outra. "Não posso naturalizar a imigrante."

Uma vez mais, ela perguntou por quê.

E dessa vez, quando ela perguntou por quê, vi a mim mesma em pé no saguão com mamãe e Nettie, a luz pálida repleta de ameaças e de ansiedade caindo em cheio sobre nós três. Aquele saguão. Ele é uma essência, uma espécie de éter perfumado. Aspiro-o. Ele me instiga e me seda. Fico ali, no saguão, ligada e atenta, suspensa e imobilizada.

Por quê?, perguntou ela. Quero saber por quê. Por que você não se afasta desse corredor estreito e escuro?

Minha mãe se materializou no ar, seu rosto suave, frágil, tristemente inteligente. Inclinava-se para a frente, atenta. Estava tão interessada na pergunta quanto eu. Mas eu permaneci muda. Não tinha resposta.

Então a analista perguntou: E os homens?

Os homens?, repeti sem entender.

É, os homens, ela repetiu calmamente.

Ah, pelo amor de Deus!, explodi. Não consigo dar conta de *mais* essa! Depois falei com mais calma. Só quando falei me dei conta de que o que havia dito era verdade. Não, falei em voz baixa. Acho que não consigo aprender a dar conta dessa.

Você precisa, ela respondeu mais baixo ainda. Você precisa dar conta do trabalho e precisa dar conta do amor.

Mamãe e Nettie me retinham num abraço frouxo. É, elas sorriram, enlaçando-me com os braços sob a luz pálida, você precisa.

Os anos chegam e se adensam... quarenta e seis, quarenta e sete, quarenta e oito... Agora não há passado, só o presente que se desdobra... setenta e oito, setenta e nove, oitenta. Oitenta. Meu Deus, minha mãe está com oitenta anos. Ficamos imóveis, olhando uma para a outra. Ela dá de ombros e se senta no sofá de sua sala de estar.

Esta tarde minha mãe foi até minha casa. Tomamos um drinque, depois saímos para jantar ali perto, então fui com ela até sua casa. Minha mãe fez café e conversamos, olhamos fotografias, algumas antigas (Estados Unidos, 1941), algumas mais antigas ainda (Rússia, 1913), e lemos juntas cartas que fazem parte de um maço no qual já mergulhamos cinquenta vezes ao longo da minha vida; cartas escritas para ela em 1922 por um certo Noah Shecter, ex-professor de literatura na Romênia e, na época em que escreveu as cartas, gerente da padaria onde minha mãe trabalhava como contadora. São cartas notáveis: fantasia romântica do século XIX escrita por um homem solitário que vivia no Bronx com uma esposa não intelectual e três crianças carentes, a cabeça repleta de Ibsen, Górki, Mozart, derramando o coração naquelas cartas escritas sempre à meia-noite para um vão receptáculo vazio de receptividade de olhos castanhos (minha mãe aos dezoito anos), que leria aqueles desabafos apaixonados às oito da manhã antes de sair para o trabalho e encontrar o homem que as escrevera rígido e formal em seu colarinho alto engomado, parecendo Franz Kafka na companhia de seguros. Agora, sessenta anos depois, seguro aquelas centenas de páginas amareladas cobertas por uma caligrafia europeia rabiscada em traço grosso numa tinta preta que há muito ficou marrom, e leio sobre o desespero de Noah Shecter à meia-noite: que minha mãe deveria entender como o coração dele está repleto, pouco depois de assistir a *Brand*, de Ibsen, encenada num teatro da rua 14, e que é necessário que ele lhe comunique a que ponto os atores captaram bem o significado essencial daquela peça excelente. Estamos rodeadas de cartas e de fotos (eu a vejo como ela deveria ser ao lê-las pela primeira vez) — fragmentos, recortes, histórias contadas e recontadas da vida vivida e da vida não vivida. Especialmente da não vivida.

Um peso silencioso, triste, pende sobre minha mãe a noite inteira. Está muito bonita — cabelo branco macio, pele lisa macia, o rosto devastado parecendo outra vez fantasticamente íntegro—, mas os anos se arrastam dentro dela e em seus olhos vejo a confusão, a insistente confusão.

"Uma vida inteira que passou", minha mãe diz suavemente.

Minha dor é tão grande que não ouso senti-la. "Exatamente", digo numa voz opaca. "Não vivida. Só transcorrida."

A suavidade em seu rosto endurece e se define. Ela olha para mim e, com ferro na voz, diz em iídiche: "De modo que você pode escrever: desde o início estava tudo perdido".

Ficamos sentadas juntas em silêncio sem nos ocupar uma da outra, duas mulheres simplesmente contemplando o escuro de tudo o que perdeu vida. Minha mãe não parece jovem nem velha, apenas profundamente mergulhada no que aquilo que está vendo tem de horrível. Não sei qual é o meu aspecto aos olhos dela.

Sempre tivemos o hábito de andar, ela e eu. Agora, nem sempre saímos para andar. Nem sempre discutimos, também. Nem sempre fazemos nenhuma das coisas que sempre fazíamos. Já não há sempre. Os padrões fixos estão começando a se despedaçar. Esse despedaçamento tem seus próprios prazeres e surpresas. Na verdade, agora a palavra-chave entre nós é "surpresa". Não podemos depender da mudança, mas podemos depender da surpresa. Contudo, nem sempre podemos depender da surpresa. Isso nos deixa o tempo todo de prontidão.

Uma noite vou visitá-la na companhia de um velho amigo, um homem que cresceu comigo, alguém que nós duas conhecemos há trinta anos. Digo "conhecemos" deliberadamente. Esse homem é um maluco. Um maluco inspirado, é verdade, mas um maluco. Ele, como Davey Levinson, é culto dentro de um vácuo, e fala uma espécie de algaravia imaginativa. Essa é a única maneira que ele conhece de transpor a ansiedade costumeira de um dia costumeiro.

Estamos tomando café e comendo bolo. Estou comendo uma quantidade exagerada de bolo. Na verdade, estou devorando o bolo. Minha mãe fica louca só de me olhar comer. Grita: "Pare! Pare pelo amor de Deus, pare de comer desse jeito. Você não se importa nem um pouco com o fato de engordar um quilo e se odiar amanhã? Onde está sua motivação?".

Meu amigo, sentado junto à mesa ao meu lado, cabeça projetada para a frente e para baixo e torcida para um lado, olhando para ela como o louco que é, começa a dizer todo tipo de disparate a respeito de motivação. "Você sabe, evidentemente, que motivação é vida", diz. "Vida em si. Vem do latim *motus*, significa mover, pôr em ação, encetar…"

Minha mãe olha para ele. Posso ver em seu rosto que ela não entende a construção daquelas frases. Sente-se diminuída: se não entende uma coisa que estão lhe dizendo é porque é burra. Sua expressão se reveste de reluzente desprezo. "Você acha que está me dizendo uma coisa que eu não sei?", pergunta. "Acha que eu nasci ontem?" Nenhuma surpresa aqui.

Uma semana depois, estou sentada no apartamento dela tomando chá em sua companhia e do nada minha mãe me diz: "Me conte como foi seu aborto". Ela sabe que fiz um aborto quando estava com trinta anos, mas nunca havia se referido ao assunto antes. Eu, de meu lado, sei que ela fez três abortos durante a Depressão, mas tampouco costumo mencioná-los. Agora, de repente… O semblante dela é indecifrável. Não sei o que a levou a fazer a pergunta e não sei o que dizer a ela. Digo a verdade ou...? Que diabo. A verdade. "Fiz um aborto com as pernas para cima, apoiadas na parede de um apartamento na rua 88 oeste, com Demerol injetado na veia por um médico cujo consultório ficava na esquina da rua 58 com a Décima Avenida." Enquanto falo, ela balança a cabeça concordando, como se conhecesse bem aqueles detalhes, inclusive como se os aguardasse. Depois diz: "Fiz os meus por dez dólares no porão de uma boate do Greenwich Village, com um médico que metade das vezes, quando a mulher acordava, estava com o pênis dele na mão". Olho para ela com admiração. Ela me igualou em todas as cláusulas e subiu a aposta em cada uma delas. Nós duas caímos na gargalhada na mesma hora. Surpresa.

Em outra noite ainda estou sentada à mesa dela e falamos da época em que minha mãe arrumou um emprego, quando eu tinha oito anos. É uma história que nunca me canso de escutar.

"Por que você tomou essa decisão, mãe? Quer dizer, por que naquele momento e não em outro qualquer?"

"Eu sempre quis trabalhar, sempre. Deus, o prazer que eu sentia em ter meu próprio dinheiro no bolso! Estávamos no meio da guerra, era só jogar uma pedra que você arrumava sete empregos, não consegui resistir."

"E aí, o que você fez?"

"Uma manhã li os pequenos anúncios e me vesti, tomei o metrô para a cidade e me candidatei a um emprego. Em dez minutos o emprego era meu. Qual era mesmo o nome daquela empresa? Agora esqueci."

"Angelica Uniform Company", completei de imediato.

"Você se lembra!" Minha mãe sorri para mim beatificamente. "Olhe só para isso. Ela se lembra. Eu não consigo me lembrar. Ela se lembra."

"Agora eu sou o repositório da sua vida, mãe."

"É mesmo, você é. E então... Vejamos... Onde estávamos?"

"Você foi até a cidade e conseguiu o emprego."

"É. Então voltei para casa e disse ao papai: 'Tenho um emprego'."

"E qual foi a reação dele?"

"Ruim. Péssima. Não queria que eu trabalhasse. Disse: 'Nenhuma outra esposa do bairro trabalha, por que você tem que trabalhar?'. Eu disse: 'Não estou interessada no que as outras esposas do bairro fazem, quero trabalhar'." Ela contempla sua memória, balançando a cabeça. Sua voz vacila. "Mas não deu certo, não deu certo. Não durou."

"Oito meses", digo.

"Isso, oito meses."

"Por quê, mãe? Por que só oito meses?"

"Papai ficou péssimo. Me dizia o tempo todo: 'As crianças precisam de você'."

"Que bobagem", interrompo. "Me lembro de ficar *entusiasmada* por você estar trabalhando. Eu adorava andar com uma chave pendurada no pescoço e correr para casa todas as tardes para fazer coisas que facilitavam sua vida."

"Aí ele falou: 'Você está perdendo peso'."

"Você estava com dez quilos de sobrepeso. Era *ótimo* você estar perdendo peso."

"O que posso lhe dizer?", ela fala. "Ou você bota fogo na casa ou trata de ser feliz. Eu queria ser feliz. Ele não queria que eu trabalhasse. Parei de trabalhar."

Ficamos um momento em silêncio. Então digo: "Mãe, se fosse hoje e papai dissesse que não queria que você trabalhasse, o que você faria?".

Ela olha para mim durante um longo momento. Está com oitenta anos. Sua visão está fraca, seu cabelo está branco, seu corpo está frágil. Toma um gole de seu chá, pousa a xícara e diz calmamente: "Eu diria para ele ir se foder".

Absoluta surpresa.

Estamos na biblioteca do Lincoln Center para assistir a um dos concertos vespertinos dos sábados. Chegamos tarde e todos os assentos estão ocupados. Ficamos em pé no auditório escuro, encostadas na parede. Começo a me preocupar. Sei que minha mãe não tem condições de passar duas horas e meia em pé. "Vamos", cochicho para ela. "*Shhhh*", minha mãe diz, movimentando a mão. Olho em volta. No assento da ponta, perto de mim, está sentado um garotinho que não para quieto em seu assento. Ao lado dele está sua jovem mãe. Ao lado dela, outro garotinho, e ao lado do garotinho o marido e pai. A mulher pega o garotinho do assento do corredor no colo e faz um gesto para que minha mãe se sente. Minha mãe faz isso e se inclina para o lado, dirige seu sorriso mais cintilante à mulher e lhe diz, tímida: "Quando você estiver com oitenta anos e quiser um lugar num concerto, volto e lhe dou o meu". A mulher fica encantada e se vira para o marido para partilhar seu prazer com ele. Nada feito. Ele olha para minha mãe com expressão de poucos amigos. É um desses filhos judeus que não esqueceram. Sua reação me sobressalta, faz-me lembrar de como minha mãe sempre foi sedutora, de como ela resiste a se separar desse seu antiquíssimo estratagema, de como esse jeitinho dela é perigoso e pouco confiável.

E a coisa prossegue infinitamente. Meu apartamento está sendo pintado. Passo duas noites no sofá da casa dela. Sempre que fico para dormir, gosto de preparar o café pela manhã porque minha mãe se habituou a tomar café fraco, e gosto do meu forte. Enquanto isso, ela se convenceu de que seu fraco é o jeito adequado de fazer café, e embora tenha me dito: "Tudo bem, você não gosta do meu café, então faça você mesma", ela vem para perto de mim na cozinha e comanda meus atos para que eu faça o café do jeito que está acostumada a fazer.

"Já está bom assim", diz, enquanto ponho pó na cafeteira.

"Não, não está", digo.

"*Está*. Pelo amor de Deus, já chega!"

"Veja você mesma, mãe. Veja como o pó ainda está longe da marca da medida."

Ela olha. A evidência é incontestável. Não há suficiente pó de café na cafeteira. Ela se afasta de mim, corta o ar com a aresta da mão naquele seu gesto familiar de desdém.

"Ah, me deixe em paz", minha mãe diz, tomada de profundo e trêmulo desgosto.

Olho para suas costas em retirada. Aquela atitude depreciativa dela será a última coisa a desaparecer. Na verdade, não desaparecerá nunca. É o símbolo de sua fala, a expressão de seu ser, aquilo que a estabelece a seus próprios olhos. Para minha mãe, dispensar os outros é seu esforço no sentido de se diferenciar das feras, de estabelecer diferenças, de reconhecer o certo e o errado, de nunca, em hipótese alguma, julgar que marcar posição não tem maior importância. De repente a vida dela oprime meu coração.

Estamos as duas menos interessadas em justiça do que costumávamos estar. O antagonismo entre nós deixou de ser implacável. Sobrevivemos à nossa vida em comum, se não ao mesmo tempo, pelo menos na presença uma da outra, e agora existe uma camaradagem peculiar entre nós. Mas o hábito da acusação e da retaliação é forte, por isso nossa conversa atualmente é um pouco doida.

"As coisas que eu precisei encarar na vida", suspira minha mãe.

"Você não encarou coisa nenhuma", rebato.

"É muita ousadia da sua parte, me dizer uma coisa dessas", ela grita.

Silêncio. Raiva. Separação.

Inesperadamente seu rosto se desanuvia e minha mãe diz: "Sabe quanto está custando o queijo fresco? Você não vai acreditar. Meio quilo, dois e cinquenta e oito."

E aceito, aceito. Quando vejo a autopiedade incontida sumir do rosto dela, permito que a minha se evapore. Se no meio de uma discussão desafiadora ela diz: "Bom, a mãe que você tem é esta, teria sido melhor que fosse outra, foi muito azar cair logo com esta", e eu concordo: "Assino embaixo", as duas caímos na risada ao mesmo tempo. Tudo indica que nenhuma de nós quer se manter no papel de beligerante uma só frase mais que a outra. Acho que nos sentimos igualmente espantadas por ter vivido tempo suficiente para permanecer receptivas durante vários minutos seguidos ao mero fato de estar no mundo juntas, em vez de nos centrarmos no que cada uma de nós não está obtendo da outra.

Mas essa serenidade jamais sonhada não persevera. Em geral, ela deriva, perde-se, pipoca num lampejo com ressonância pouco fiável, depois se nega a mostrar-se quando é mais necessária, ou surge com potência muito reduzida. O estado de coisas entre nós é volátil. Hoje nossa verdade cotidiana é o fluxo. A instabilidade é um assombro, abatido com mistérios e promessas. Ela e eu já não nos posicionamos nariz contra nariz. Alcançamos permanentemente certa distância. Esse fragmento de espaço me proporciona o entusiasmo intermitente, mas útil, que deriva do fato de acreditar que eu começo e termino em mim mesma.

Agosto. Nova York em estado de sítio. Uma montanha de calor e bafo comprime as ruas da cidade. Nem uma única parcela de sensualidade estival neste calor. É um calor opressivo e ponto.

Ontem um amigo e eu sentamos por um momento no Paley Park tomando chá gelado para nos recuperar da exaustão do dia. A parede de água corrente às nossas costas criava um pátio de três lados miraculosamente fresco. Podíamos ver, quinze metros à frente, a reverberação trêmula do asfalto.

Meu amigo e eu, usualmente falantes, ficamos numa conversa frouxa sobre uma coisa e outra: planos de trabalho, trabalhos em andamento, um filme que havíamos visto, um livro que eu estava lendo, o novo caso amoroso de uma amiga em comum. Eu achava que havia sido igualmente receptiva a todas as partes de nosso papo, mas então meu amigo observou: "É impressionante como você não se interessa pelos homens".

"Por que você diz isso?" perguntei.

"Toda mulher que eu conheço, e na verdade todo homem, depois de passar tanto tempo sem ninguém quanto você passou, não pensa em outra coisa. É prioridade. Você não. Dá a impressão de nunca pensar no assunto."

Enquanto ele falava, vi a mim mesma deitada numa cama num fim de tarde com um rosto de homem afundado no pescoço, a mão dele subindo lentamente por minha coxa até o quadril, nossos corpos riscados pela luz quente que entra pelas persianas da janela. Em alguns segundos a imagem ardeu em meu corpo. O sentimento de perda era esmagador: a graça e a doçura do amor, o deleite, a chama. Engoli em seco no ar vazio.

"Não penso mesmo", falei. "Acho que não penso."

A vida é difícil: uma glória e um castigo. As ideias são excitantes, uma companhia glamorosa. A solidão me corrói. Quando o equilíbrio entre a luta e a autocomiseração se mantém, sinto-me uma das *Odd Women* — ou seja, vejo a mim mesma como parte integrante desse incrível esforço de duzentos anos — e fico fortalecida, imbuída de um novo espírito, de uma nova força de vontade. Quando o equilíbrio se desfaz, sinto-me enterrada viva no fracasso e na privação, sem amor, sem vínculos.

As amizades são aleatórias, os conflitos predominam, o trabalho é a soma de suas deficiências.

Esta noite estou por um fio, mal consigo impedir que a construção desmorone. Sento-me à mesa da cozinha de minha mãe, tomando café. Acabamos de jantar. Ela está junto à pia lavando a louça. Esta noite nós duas estamos nervosas. "É o calor", diz ela. O apartamento tem ar-condicionado e está fresco, mas nós duas gostamos demais de ar de verdade. Desligamos o aparelho e abrimos a janela. Por um minuto a avenida barulhenta apinhada de gente lá embaixo invade o cômodo, mas muito depressa o movimento declina e se transforma em burburinho, rumor de fundo. Voltamos quase sem intervalo à nossa própria melancolia inquieta.

Minha mãe está a par de tudo o que me vai pela cabeça. Também está familiarizada com a ordem costumeira de minha litania de queixas: trabalho, amigos, dinheiro. Esta noite a conversa de ontem no Paley Park parece deslizar diante da janela no ar sedutor do verão, e para minha surpresa me vejo dizendo: "*Seria* legal ter um pouquinho de amor neste momento".

Imagino que minha mãe vá rir e dizer: "O que você tem esta noite?". Em lugar disso, sem sequer erguer os olhos dos pratos, ela me diz no automático: "Bom, quem sabe agora você consiga sentir alguma compaixão por *mim*?".

Ergo os olhos para ela. "O quê?" Não estou segura de ter ouvido direito. "O que foi que você disse?"

"Eu disse que talvez *agora* você consiga entender o que foi minha vida depois que papai morreu. O que minha vida tem sido ao longo de todos esses anos. Agora que você mesma está sofrendo por causa da ausência de amor, quem sabe consiga entender?"

Olho fixamente para ela. Olho e olho. Depois me levanto da mesa, a xícara está caindo, voo para junto da parede da cozinha, um animal enjaulado. A xícara que ela está lavando se espatifa na pia.

"De que diabos você está falando?", grito. "Do *que* você está falando? De amor, de novo? De amor? Será que nunca vou ouvir você falar de outra coisa até o dia da minha morte? Só de amor? Será que minha vida não significa nada para você? Absolutamente nada?"

Ela está ao lado da pia, rígida de pavor, os olhos fixos em mim, os lábios brancos, a cor escoando do rosto. Ocorre-me que estou fazendo minha mãe ter um ataque cardíaco, mas não consigo parar.

"É verdade", falo com raiva, numa voz que assumiu um tom brutal com meu esforço de não subir o volume. "Não tive sucesso. Nem no amor, nem no trabalho, nem em viver uma vida ancorada em princípios. Também é verdade que não fiz escolhas nem pronunciamentos, que tive uma vida cheia de tropeços porque estava furiosa com o mundo, cheia de ciúme porque o mundo estava fora do meu alcance. *Mesmo assim!* Será que não mereço nenhum crédito por enxergar uma boa ideia, mãe? A ideia de que é preciso *tentar* viver nossa vida? Isso não conta, mãe? Não conta nem um pouco?"

O medo dela se desfaz em piedade e pesar. Hoje é tão maleável que corta o coração. "Não, não", ela protesta. "Este de agora é outro mundo, estamos em outra época. Eu não estava querendo dizer nada. *Claro* que você tem crédito. Todo o crédito do mundo. Não fique tão abalada. Eu estava tentando ser solidária. Disse a coisa errada. Não sei mais como falar com você."

Abruptamente a torrente de palavras que sai de sua boca se interrompe. Outro pensamento atraiu sua atenção. A linha de defesa tem uma inflexão. "Você não vê?", ela implora suavemente. "O amor era tudo o que eu tinha. O que é que eu tinha? Não tinha nada. *Nada.* E o que *viria* a ter? O que *poderia* vir a ter? Tudo o que você diz sobre sua vida é verdade, entendo a que ponto é verdade, mas você teve seu trabalho, você *tem* seu trabalho. E viajou. Meu Deus, você viajou! Andou por meio mundo. O que eu não teria dado para viajar! A única coisa que eu tinha era o amor de seu pai. Era a única doçura da minha vida. Por isso eu amava o amor dele. O que poderia ter feito?"

Mas coração partido recíproco não faz nosso estilo. "Não está funcionando, mãe", digo. "Você estava com quarenta e seis anos quando ele morreu. Podia ter saído para a vida. Outras mulheres com muito menos recursos saíram. Você *queria* ficar dentro da ideia do amor de papai. É uma coisa louca. Passou trinta anos dentro da ideia do amor. Podia ter vivido."

Nesse ponto a conversa chega ao fim. Ela está cansada de implorar. Seu rosto se enrijece. Minha mãe se compõe e se reveste de uma inflexibilidade evocada. "Então." Ela volta ao iídiche, língua da ironia e do confronto. "Você vai escrever na minha lápide: desde o início tudo eram só águas passadas".

Minha mãe abandona a louça na pia, enxuga as mãos meticulosamente no pano de prato e passa a meu lado a caminho da sala. Fico na cozinha contemplando o linóleo estampado do assoalho, mas depois de algum tempo vou atrás dela. Está estendida no sofá com o braço cobrindo a testa. Afundo numa cadeira ali perto. O sofá e a cadeira estão posicionados tal como na sala do Bronx. Não é difícil perceber que nós duas passamos quase a vida inteira assim: ela deitada naquele sofá e eu sentada nesta cadeira.

Ficamos em silêncio. Pelo fato de ficarmos em silêncio, o ruído da rua é mais conspícuo. O ruído me faz lembrar que não estamos no Bronx, estamos em Manhattan: o dia foi mais que uma série de estações de metrô para cada uma de nós. Mesmo assim, esta noite, a sala parece muito com aquela outra sala, e a luz, a luz declinante do verão, de repente parece uma versão borrada daquela outra noite desmaiada, a que se abateu sobre nós no saguão.

Minha mãe rompe o silêncio. Numa voz incrivelmente desprovida de emoção — uma voz distanciada, curiosa, atrás apenas de informação —, ela me diz: "Por que você não vai embora de uma vez? Por que não se afasta da minha vida? Não estou impedindo você".

Vejo a luz, ouço a rua. Estou metade dentro, metade fora.

"Sei que não, mãe."

Fierce Attachments: A Memoir, de Vivian Gornick;
apresentação de Jonathan Lethem.
© Vivian Gornick, 1987
© *apresentação*, Jonathan Lethem, 2005
Publicado mediante acordo com Farrar, Straus and Giroux, Nova York.

Todos os direitos desta edição reservados à Todavia.

Grafia atualizada segundo o Acordo Ortográfico da Língua
Portuguesa de 1990, que entrou em vigor no Brasil em 2009.

capa
Flávia Castanheira
imagem de capa
Photo Quest/ Getty Images
preparação
Lígia Azevedo
revisão
Tomoe Moroizumi
Jane Pessoa

4ª reimpressão, 2024

Dados Internacionais de Catalogação na Publicação (CIP)

Gornick, Vivian (1935-)
Afetos ferozes / Vivian Gornick ; tradução Heloisa
Jahn ; apresentação Jonathan Lethem. — 1. ed. —
São Paulo : Todavia, 2019.

Título original: Fierce Attachments : A Memoir
ISBN 978-65-80309-48-1

1. Biografia. 2. Memórias. 3. Literatura americana.
I. Jahn, Heloisa. II. Lethem, Jonathan. III. Título.

CDD 928.1

Índice para catálogo sistemático:
1. Biografia de escritores e personagens
históricos americanos 928.1

Bruna Heller — Bibliotecária — CRB 10/2348

todavia

Rua Luís Anhaia, 44
05433.020 São Paulo SP
T. 55 11. 3094 0500
www.todavialivros.com.br

fonte
Register*
papel
Off White 80 g/m²
impressão
Forma Certa